ENSINA-NOS A ORAR

ALVARO CHRISPINO

ENSINA-NOS A ORAR

O *Pai-Nosso* na visão dos Espíritos

FEB

1ª edição – 1ª impressão – 1,5 mil exemplares – 10/2022

ISBN 978-65-5570-442-6

FEDERAÇÃO ESPÍRITA BRASILEIRA – FEB
SGAN 603 – Conjunto F – Avenida L2 Norte
70830-106 – Brasília (DF) – Brasil
www.febeditora.com.br
editorial@febnet.org.br
+55 61 2101 6161

Pedidos de livros à FEB
Comercial
Tel.: (61) 2101 6161 – comercial@febnet.org.br

Dados Internacionais de Catalogação na Publicação (CIP)
(Federação Espírita Brasileira – Biblioteca de Obras Raras)

C555e Chrispino, Alvaro, 1960–

Ensina-nos a orar: o Pai-Nosso na visão dos espíritos / Alvaro Chrispino – 1. ed. – 1. imp. – Brasília: FEB, 2022.

152 p.; 23 cm

Inclui referências

ISBN 978-65-5570-442-6

1. Jesus – Pai-Nosso – Prece dominical. 2. Estudo. 3. Espiritismo. I. Federação Espírita Brasileira. II. Título.

CDD 133.93
CDU 133.7
CDE 20.00.00

Sumário

Oração: ação nossa de cada dia 7

1 Introdução ... 9
2 A oração no tempo de Jesus ... 17
2.1 **Sobre o Evangelho de Lucas** ... 26
2.2 **Diferentes visões de uma mesma expressão** ... 30

3 Ensina-nos a orar ... 33
3.1 **Orar também se aprende** ... 40
3.2 **Por que orar?** ... 43
3.3 **Como orar?** ... 46
3.4 **O que pedir?** ... 51
3.5 **Onde orar?** ... 54
3.6 **Quando orar?** ... 57
3.7 **Por quem orar?** ... 61

4 O Pai-Nosso ... 71
4.1 **Sobre o *Pai-Nosso*** ... 76
4.2 **1ª Petição:** "Santificado seja o teu nome" ... 80
4.3 **2ª Petição:** "Venha o teu reino" ... 84
4.4 **3ª Petição:** "Seja feita a tua vontade..." ... 91
4.5 **4ª Petição:** "O pão nosso de cada dia nos dá hoje" ... 97
4.6 **5ª Petição:** "E perdoa-nos as nossas dívidas..." ... 108
4.7 **6ª Petição:** "E não nos deixes entrar em tentação" ... 119
4.8 **7ª Petição:** "Mas livra-nos do mal" ... 128

5 Como se fosse conclusão ... 135
Referências ... 143

ORAÇÃO:
AÇÃO NOSSA DE CADA DIA

A prece é valioso recurso de proteção e segurança ante a desafiadora trajetória do Espírito Imortal rumo à perfeição relativa a que está destinado, por determinação dos superiores desígnios da Vida Maior.

Comparado ao alimento material a que recorremos diariamente, a prece oferece valiosa sustentação espiritual àquele que ora, com sincera humildade, na condição do ser que fielmente reconhece a paternidade divina e dignifica a sagrada titularidade de filho de Deus.

Jesus, nosso querido amigo-irmão, orou... e nos ensinou a orar:

> Pai Nosso, que estás no Céu,
> Santificado seja o teu nome!
> Venha o teu reino!
> Seja feita a tua vontade,
> Assim na Terra como no Céu;

O pão nosso de cada dia nos dá hoje;
E perdoa-nos as nossas dívidas,
Assim como nós perdoamos aos nossos devedores;
E não nos deixes entrar em tentação;
Mas livra-nos do mal.
Assim seja!

Consolo, lucidez, sintonia e conexão com a Espiritualidade Amiga são benefícios proporcionados àquele que se dirige a Deus para agradecer, louvar, pedir...

"Orar constitui a fórmula básica da renovação íntima, pela qual divino entendimento desce do Coração da Vida para a vida do coração" (XAVIER; VIEIRA, 2019, cap. 25 – *Oração*).

Esta obra, resultante dos estudos e reflexões de Alvaro Chrispino, é um convite para conhecermos a beleza e profundidade do *Pai-Nosso* e, também, uma convocação para que sua expressão seja manifesta em cada ato de nossa existência.

Brasília (DF), 30 de setembro de 2022.

Geraldo Campetti Sobrinho
Vice-presidente da FEB

1

INTRODUÇÃO

A oração sempre acompanhou Jesus, quer em seus momentos marcantes quanto nas oportunidades que tinha de lecionar aos ouvintes as características do *Reino* que viria e as maneiras de participar deste mesmo *Reino*.

Quando da sua primeira aparição pública, com vistas à iniciação de seu messianato, no batismo do Rio Jordão, conforme narram os Evangelhos, João, o Batista, admira-se d'Ele deixar-se batizar, ao que é informado que aquilo era necessário para que se cumprissem as escrituras ou a Justiça (*Mateus*, 3:15). Ao concluir o batismo da água – próprio de João, o Batista – Jesus entra em oração, como revela o evangelista *Lucas* (3:21): "Quando todo o povo fora batizado, tendo sido Jesus também batizado, e estando ele a orar, o céu se abriu". É nesse momento que Jesus é apresentado como o *Filho de Deus*.

Já ao final de sua jornada entre os homens, nos estertores da crucificação, Jesus exclama: "[...] Pai, nas tuas mãos entrego o meu espírito [...]" (*Lucas*, 23:46).

Do início ao final de sua pregação, pela palavra e pelo exemplo, Jesus ofereceu a oração como canal de ligação da criatura com o Criador, exemplificando seu uso ao longo da disseminação da Boa-Nova.

Da mesma forma, Allan Kardec utiliza-se da oração e sobre ela tratará em vários pontos da Codificação Espírita.

As primeiras notícias acerca de sua missão foram recebidas espontaneamente na sessão de 30 de abril de 1856, na reunião reservada que aconteceu em casa do Sr. Roustan, tendo como médium a Srta. Japhet.[1] Tendo registrado as informações, Rivail aguarda momento propício para retornar ao tema e obter maiores informações sobre o que lhe aguardava no futuro. A oportunidade ocorre em 12 de junho de 1856, na reunião realizada em casa do Sr. C., tendo como médium a Srta. Aline C.[2] Nesta oportunidade, Rivail pergunta ao Espírito Verdade o que ele pensa sobre a informação recolhida de outros Espíritos sobre a missão diante da organização e disseminação do Espiritismo. Em sua resposta, o Espírito Verdade confirma as informações e passa a indicar os cuidados que devem ser tomados na execução da tarefa. Ao final, conforme narra o próprio Kardec, ele ora assim:

> Senhor! pois que te dignaste lançar os olhos sobre mim para cumprimento dos teus desígnios, faça-se a tua vontade! Está nas tuas mãos a minha vida; dispõe do teu servo. Reconheço a minha fraqueza diante de tão grande tarefa; a minha boa vontade

---

1 KARDEC, Allan. *Obras póstumas*. 2ª pt., cap. *A minha primeira iniciação no Espiritismo*, it. Primeira revelação da minha missão.

2 KARDEC, Allan. *Obras póstumas*. it. Minha missão.

> não desfalecerá, porém, talvez as forças me traiam. Supre a minha deficiência; dá-me as forças físicas e morais que me forem necessárias. Ampara-me nos momentos difíceis e, com o teu auxílio e o amparo dos teus celestes mensageiros, tudo farei para corresponder aos teus desígnios (KARDEC, 2019c, it. Minha missão).

Allan Kardec narra este acontecimento e acrescenta uma observação:

> Escrevo esta nota a 1º de janeiro de 1867, dez anos e meio depois que me foi dada a comunicação acima e atesto que ela se realizou em todos os pontos, pois experimentei todas as vicissitudes que me foram preditas. [...]
>
> [...]
>
> [...] a par dessas vicissitudes, que de satisfações experimentei, vendo a obra crescer de maneira tão prodigiosa! [...]

Encontraremos, ao longo da Codificação Espírita, vários momentos em que Allan Kardec retoma o assunto, como já informou Washington Fernandes (1995, p. 13 e 14), em sua obra *A prece segundo os espíritos: coletânea mediúnica ilustrada*, que foi para nós de imenso auxílio na preparação deste trabalho. Além de registrar a distinção entre rezar e orar, escreve ele:

> Em *O livro dos espíritos* (Allan Kardec, FEB), questões números 649 a 673, a prece é apresentada como uma Lei Natural ou Divina, devendo ser entendida como

a elevação do pensamento e a aproximação da alma ao Criador (nos 649 e 659), no que se constitui num sentimento inato no ser humano (nos 650 e 652). A verdadeira oração é a do coração, pois a intenção é tudo (nos 653, 654, 655 e 658) sendo, por isso, desnecessários atos exteriores, locais determinados, horários, cerimônias e sacrifícios (nos 653-a, 654, 669 a 673); pela prece, o homem se fortalece na fé para vencer as imperfeições e granjear a assistência dos bons Espíritos, no amparo da travessia das provações (nos 660 a 663). Ela é tanto mais eficaz quanto maior o arrependimento (nº 997), sendo um valioso auxílio, também, para a cura das obsessões (nº 479) e um meio recomendado por Santo Agostinho para o autoconhecimento (n° 919-a).

Em *O livro dos médiuns* (Allan Kardec, FEB), a oração e o recolhimento são recomendados no desenvolvimento da mediunidade (cap. 17, nos 203, 204 e 207), para maior segurança na prática mediúnica (cap. 24, n° 259) e como condição para as reuniões espíritas (cap. 29, n° 341).

Em *O evangelho segundo o espiritismo* (Allan Kardec, FEB), os capítulos 27 e 28 são inteiramente dedicados à melhor compreensão do tema da prece, em todos os seus aspectos, principalmente quanto ao seu mecanismo de ação, através do fluxo do pensamento (cap. 27, itens 9 e 10). Ela deve ser clara, simples, concisa e também inteligível (cap. 28, it. 1) o que, aliás, salientou também o Apóstolo Paulo (*I Coríntios*, 14:14 e 15). Fundamental lembrar, num livro como esse, que quando os Espíritos ditam

> preces elas se destinam apenas a nos orientar as ideias, e não para nos estabelecer fórmulas (cap. 28, it. 1).
>
> [...]
>
> Importante anotar uma sutil distinção entre os termos rezar (lat. *recitare*) e orar (lat. *orare*), pois o primeiro significa ler em voz alta, repetir palavras memorizadas, enquanto o segundo quer dizer falar, discursar, sentido esse que é o enfatizado pela Doutrina Espírita.

Outro aspecto relevante que está relacionado ao tema é a escolha por Kardec do tema inicial de *O livro dos espíritos: Deus*. Quando escolhe este para iniciar a obra síntese, o Codificador já informa a posição central que Ele terá na Doutrina apresentada pelos Espíritos Superiores. E, claro, por consequência, a importância da oração como o principal canal de comunicação voluntária entre os homens e Deus.

Além disso, havia controvérsia entre os chamados homens de ciência quanto aos temas Religião e Deus. Escrevemos (CHRISPINO, 2007, p. 21) que:

> Quando enviou a Napoleão Bonaparte uma cópia do seu trabalho *A mecânica celeste*, o matemático Laplace – expoente da Física no período do Iluminismo – foi questionado pelo Imperador sobre como organizava uma teoria a respeito do assunto sem citar Deus. Laplace respondeu: Não necessito dessa hipótese. Com tal resposta, ele rompia com

> outros cientistas que defendiam a ligação do Cosmo com a figura de Deus, tal como Galileu e Newton.

Retomamos este tema em Chrispino (2007 e 2019). A posição difundida quando o binômio Ciência–Religião à época é tratado, parece não ser uma posição hegemônica. Por tal, escrevemos (CHRISPINO, 2007): "É certo que Laplace não detinha a verdade, nem representava a totalidade dos homens de Ciência no que concerne à interpretação da importância de Deus".

Escreve Kneller (1980), que:

> A maioria dos membros da *Royal Society* (de Londres) eram profundamente religiosos e acreditavam que a Ciência, como a Teologia, era um modo de provar a existência e a Generosidade de Deus. Newton, por exemplo, procurou mostrar que Deus estava "ativo" no mundo. Sustentou que o Universo e seus corpos constituintes consistiam principalmente em espaços vazios através dos quais a gravidade e outras forças atuam instantaneamente. Afirmou que, na ausência de um veículo material para transportá-las, os efeitos dessas forças tinham que ser transmitidos por intermédio do próprio Deus. [...] Hoje, a Teoria da evolução é aceita pela grande maioria dos cientistas religiosos e a Religião e a Ciência são consideradas, em geral, interpretações complementares e não conflitantes da Natureza. *A Ciência, nesse ponto de vista, investiga o mundo físico, enquanto que a Religião imprime um significado à vida do homem.* Na verdade, quando leio História,

> observo que o pensamento científico tem sistematicamente muito em comum com a Teologia. As maiores teorias da Ciência foram cosmológicas, isto é, interessadas na natureza última do Universo como um todo e alguns dos maiores cientistas em tempos recentes (como testemunharam Faraday, Maxwell, Planck e Einstein) foram homens religiosos, na mais ampla acepção desta palavra. (Grifos nossos).

Aquele momento histórico pode ser representado pela frase-síntese de Max Planck que, além de físico notável, era companheiro de Einstein na música de câmara que, ao violino, acompanhava Planck ao piano: "A Ciência empenha-se em aproximar-se de Deus, porque ela busca os absolutos por Ele criados" (CHRISPINO, 2007, p. 26 a 28). Logo, fica claro que falar em oração não é excluir a Ciência ou a racionalidade, visto que Ciência e Religião são "interpretações complementares".

Com essas reflexões, pretendemos justificar como motivo exógeno a preparação de uma obra que trate do aprendizado e da importância da oração, visto que, por conta das dificuldades e das motivações externas que chamam sua atenção, o homem moderno deixa de perceber muitas vezes a maior de todas as motivações para este tema – a oração – que é de origem endógena: o saber instintivo de sua Criação Divina e a necessidade de buscar sua causa e destino que é Deus.

Rio de Janeiro (RJ), 27 de setembro de 2022.

Alvaro Chrispino

2
A ORAÇÃO NO TEMPO DE JESUS

Para que possamos melhor entender o *Pai-Nosso*, conforme está posto em *Mateus*, 6:9 a 15[3] e em *Lucas*, 11:1 a 4, é importante posicionarmos esta passagem no contexto da pregação de Jesus, bem como a dinâmica de vida religiosa dos judeus da época.

Bruce (2005, p. 57), em sua clássica obra *O treinamento dos doze*, escreve que:

> Seria uma surpresa se, entre os muitos assuntos sobre os quais Jesus deu instruções a seus discípulos, a oração não tivesse ocupado um lugar proeminente. A oração é uma necessidade da Vida Espiritual, e todos os que seriamente tentam orar logo sentem a

[3] Nota do autor: As citações de o Novo Testamento são extraídas da tradução de João Ferreira de Almeida – de acordo com os melhores textos em grego e hebraico. No caso de transcrição de texto, respeitaremos as traduções contidas nos textos reproduzidos.

> necessidade de uma instrução sobre como fazê-lo. E que tema ocuparia mais os pensamentos de um Mestre que foi, ele mesmo, enfaticamente um homem de oração, passando às vezes toda a noite em comunhão de oração com o Pai celestial? (*Marcos*, 1:35; *Lucas*, 6:12; *Mateus*, 14:23).

Lembra Bruce (2005) que, no Sermão do Monte, Jesus advertiu seus ouvintes sobre o que chamou de "ostentação farisaica e a repetição pagã", apresentando um modelo de oração que se pautava na simplicidade, na abrangência e na brevidade, conforme anotado em *Mateus*, 6:5 a 13 e *Lucas*, 11:1 a 4. Lembra que em outros momentos ele também se referiu a:

- Oração da perseverança (*Lucas*, 18:1 a 5): A Parábola do Juiz Iníquo, que começa assim: "E contou-lhes também uma parábola sobre o dever de orar sempre, e nunca desfalecer [...]".
- Oração da concórdia (*Mateus*, 18:19 e 20): "Também vos digo que, se dois de vós concordarem na terra acerca de qualquer coisa que pedirem, isso lhes será feito por meu Pai, que está nos céus. Porque onde estiverem dois ou três reunidos em meu nome, aí estou no meio deles".
- Oração da fé robusta (*Mateus*, 21:22): "E tudo que pedirdes na oração, crendo, o recebereis".
- Oração da expectativa (*João*, 16:23 e 24): "E naquele dia nada me perguntareis. Na verdade, na verdade vos digo que tudo quanto pedirdes a meu Pai, em meu nome, ele vo-lo há de dar. Até agora nada

pedistes em meu nome; pedi, e recebereis, para que o vosso gozo se cumpra".

Washington Fernandes (1995, p. 12), na introdução de sua obra de estudo *A prece segundo os espíritos*, tem a oportunidade de listar uma série de acontecimentos indicados em o Novo Testamento que tratam do tema oração:

> O Evangelho de Jesus nos traz importantes orientações para a prece. O Mestre no-la recomenda, juntamente com a vigilância, para a superação das imperfeições (*Mateus*, 17:20; 26:41; *Marcos*, 13:33; 14:38; *Lucas*, 22:40), devendo tornar-se-nos um hábito (*Lucas*, 18:1), vivenciado com humildade (*Lucas*, 18:10 a 14) e confiança (*Mateus*, 6:7 e 8; 7:7 a 11; *Marcos*, 11:24; *Lucas*, 11:9 a 13; *João*, 15:7; 16:24), em recolhimento pessoal (*Mateus*, 6:6) ou em conjunto (*Mateus*, 18:19 e 20), necessitando sempre que estejamos desvestidos de ressentimentos (*Marcos*, 11:25 e 26). Ele não só recomendou, mas deu o exemplo, vivenciando o que ensinava. Antes de fatos importantes de sua vida, Ele recolheu-se em prece, passando a noite em oração no monte, antes de escolher os discípulos (*Lucas*, 6:12 a 16) e orando no Jardim do Getsêmani, no Monte das Oliveiras, antes de sua prisão e martírio (*Mateus*, 26:36 a 42; *Marcos*, 14:35 a 39; *Lucas*, 22:41 a 45; *João*, 17:1 a 8). Ele o fazia por hábito (*Lucas*, 11:1), ensinando a oração do *Pai-Nosso* (*Mateus*, 6:9 a 13; *Lucas*, 11:2 a 4) e orando em favor de Lázaro (*João*, 11:41 a 44), pelos seguidores e humildes de coração (*Mateus*, 11:25 a 30; *Lucas*, 10:21 a 24; *João*, 17:9 a 26).

Podemos ainda categorizar diferentemente os episódios em que Jesus participa de alguma forma da oração:

- Jesus orando pela manhã e a sós:
  - *Marcos*, 1:35 – "De madrugada, ainda bem escuro, levantou-se, saiu e foi a um lugar deserto, e ali orava".
- Jesus orando à noite:
  - *Lucas*, 6:12 – "Naqueles dias retirou-se para o monte a fim de orar; e passou a noite em oração a Deus".
  - *Marcos*, 14:32 – "[...] Sentai-vos aqui enquanto eu oro".
- Jesus orando em lugares desertos:
  - *Lucas*, 5:16 – "Ele, porém, retirava-se para os desertos, e ali orava".
  - *Lucas*, 11:1 – "Estava Jesus em certo lugar orando e, quando acabou, disse-lhe um dos seus discípulos: Senhor, ensina-nos a orar".
  - *Mateus*, 14:23 – "Tendo-as despedido [a multidão], subiu ao monte para orar à parte. Ao anoitecer, estava ali sozinho".
- Jesus orando acompanhado:
  - *Lucas*, 9:18 – "Enquanto ele estava orando à parte achavam-se com ele somente seus discípulos; e perguntou-lhes: Quem diz as multidões que eu sou?"
  - *Lucas*, 9:29[4] – "Estando ele orando, transfigurou-se [...]".

---

[4] Nota do autor: Neste caso, preferimos, pelo simbolismo do evento narrado, a tradução de João Ferreira de Almeida – Edição Contemporânea que se utiliza do termo "transfigurou-se".

  - » *Lucas*, 22:44 – "E, posto em agonia, orava mais intensamente [...]".

- Jesus orando em público:
  - » *Mateus*, 11:25 – "Naquele tempo falou Jesus, dizendo: Graças te dou, ó Pai, Senhor do céu e da terra, que ocultaste estas coisas aos sábios e entendidos, e as revelaste aos pequeninos".
  - » *Lucas*, 3:21 – "Quando todo o povo fora batizado, tendo sido batizado Jesus também, e estando ele a orar, o céu se abriu".
  - » *João*, 11:41 – "Tiraram então a pedra. E Jesus, levantando os olhos ao céu, disse: Pai, graças te dou, porque me ouviste".
  - » *João*, 17:1 a 26 – Todo o capítulo é uma oração.

Já tratando do tema *Pai-Nosso*, Pastorino (1964, v. 2, Análise do "Pai-Nosso") lembra que as frases que compõem o *Pai-Nosso* estão desde antes no universo judaico. Afinal, Jesus era judeu e falava aos judeus. A fim de demonstrar isso, escreve:

- A primeira invocação pertence à oração dos rabinos: "Nosso Pai, que estás nos céus, que teu nome seja louvado por todas as eternidades" [...].
- A segunda frase é encontrada no *Qaddich*, oração diária dos judeus: "seja exaltado e santificado teu grande nome".
- A terceira frase é frequente nas jaculatórias[5] dos rabinos: "que o Reino de Deus se manifeste ou apareça" [...].

[5] Nota do autor: Oração breve e fervorosa.

- A quarta frase está contido no Rabbi Eliézer:[6] “Faze Tua Vontade no Céu, no Alto, e dá tranquila coragem aos que te temem na Terra e fazem o que é agradável aos teus olhos”.
- A quinta frase lemos em *Provérbios*, 30:8: “Não me dês pobreza nem riqueza: dá-me o pão necessário” e no *Targum*:[7] “dá-me o pão que me baste”.
- A sexta frase: “Perdoa-nos nosso Pai, porque pecamos contra ti está na sexta bênção do *Chêmonê-esrê*”.[8]
- A sétima frase, lemos em *Eclesiástico*, 28:2: “Perdoa ao próximo sua injustiça. Então se orares, teus erros serão perdoados”.
- A oitava frase está na oração da noite: “Não nos conduzas ao poder do erro, nem ao poder da tentação, nem ao poder da traição”.
- E a nona frase se encontra no *Berakkot*:[9] “Salva-nos do homem mau, do mau encontro, da força má, do mau companheiro, do mau vizinho, do adversário corruptor, do julgamento rigoroso, dos maus adversários no tribunal”.

Tasker (2005), ao comentar a passagem contida no *Evangelho de Mateus*, escreve que o conjunto de versos onde está contida a oração em estudo fala das “três expressões de piedade judaica: dar esmolas, orar e jejuar” (mencionada aqui na ordem de importância que lhes era

---

6 Nota do autor: O rabino Eliezer ben Horkonus (Eliezer ben Hurcanus ou Eliezer ben Hyrcanus) foi um dos grandes mestres dos 1º e 2º séculos.

7 Nota do autor: Traduções do Antigo Testamento em aramaico.

8 Nota do autor: Também conhecida como *Shemonê Esrê* ou *Ámida*, é composta por 18 bênçãos e está presente em todas as preces diárias.

9 Nota do autor: *Berakkot* ou *Berachot* são bênçãos. A oração se inicia com “Bendito és tu, ó Senhor, nosso Deus, Rei do Universo”.

atribuída) (p. 57) e que também eram características dos filhos de Deus, desde que praticadas sem nenhuma ostentação, tão comum aos judeus. O mesmo autor chama atenção para o fato de que os apóstolos deveriam ser vistos praticando o bem ou as boas obras, mas não deviam realizar as boas obras para serem vistos.

Daí a necessidade de apresentarmos o conjunto do texto e o contexto histórico-religioso para, depois, aprofundarmos os estudos sobre o que desejamos.

Rienecker (1998), também faz esta observação e lembra que "segundo o ensinamento dos rabinos, o judeu demonstra seu amor a Deus através de três desempenhos: beneficência, oração e jejum" (p. 100 e segs.), que o autor desdobra da seguinte forma:

> 1ª perspectiva: olhar *para fora* gera serviço (*esmola*) de nossa *mão* perante o próximo.
> 2ª perspectiva: olhar *para cima* gera serviço (*oração*) de nossa boca perante Deus.
> 3ª perspectiva: olhar *para dentro* gera serviço (*jejum*) de nossa alma perante suas *lutas* interiores.
> Temos uma tríade! Para *fora,* para *cima* e para *dentro.* Jesus não está dizendo: "*Não* pratiquem a beneficência, *não* orem, *não* jejuem", mas: "Quando exercerem a misericórdia, *quando* orarem, *quando* jejuarem, não procedam como os fariseus costumam proceder. Pois o modo como eles o fazem é condenável" (p. 100).

Ao estruturar seu comentário sobre esta passagem no *Evangelho de Lucas*, o mesmo autor (Rienecker, 2005) escreve:

a) Sobre o ensinar a orar:

> De uma feita, estava Jesus orando em certo lugar; quando terminou, um dos seus discípulos lhe pediu: Senhor, ensina-nos a orar, como também João ensinou aos seus discípulos!

Ao continuar a viagem, o Senhor não perde a oportunidade de sempre procurar a quietude da oração. Importantes partes de sua vida representavam para Jesus uma razão especial para dialogar com seu Pai Celestial.

Ele não se limitou a constantemente direcionar seu coração para o Pai, que frequentemente é tudo a que se reduz o dever da oração. Na vida de Jesus havia períodos de oração regulares e determinados. É o que se depreende deste v. 1: quando terminou de orar. Em decorrência de uma dessas horas de oração, que provavelmente sinalizavam uma concentração devota para quem estava em volta, um dos discípulos solicitou uma instrução especial acerca da oração.

O pedido desse discípulo era: "Senhor, ensina-nos a orar, como também João ensinou aos seus discípulos"! Não sabemos o que João disse a seus discípulos acerca da oração.

Por causa da presente passagem, a tradição posterior compôs algumas orações de João, às quais, porém, não se deve atribuir um valor especial.

O Senhor não se negou a atender o pedido dos discípulos, dando-lhes a grandiosa e infinitamente profunda oração que se tornou a joia inestimável da igreja dos fiéis para todos os tempos.

b) Sobre a esmola:

> Quando, pois, deres esmola, não toques trombeta diante de ti, como fazem os hipócritas, nas sinagogas e nas ruas, para serem glorificados pelos homens. Em verdade vos digo que eles já receberam a recompensa.
> Tu, porém, ao dares a esmola, ignore a tua mão esquerda o que faz tua mão direita; para que a tua esmola fique em secreto; e teu Pai, que vê em secreto, recompensar-te-á.

A doação em forma de esmola era muito importante para os judeus e, daí, Jesus chamar nossa atenção para que não façamos conforme eles o faziam. As doações eram feitas em público e o doador devia expressar ao público o tamanho/qualidade de sua generosidade ou de sua religiosidade. Quando essa generosidade/religiosidade era muito acima da média, o doador era levado a tribuna (*bemá*) e recebia a honra de sentar-se ao lado do rabino. "O servidor da comunidade tocava, então, uma trombeta, a fim de chamar a atenção dos seres celestiais, porque ali se havia realizado uma beneficência especial" (Rienecker, 1998, p. 101).

Parece claro agora que era a essa postura que Jesus se contrapunha quando ensinou que, ao fazermos isso, já tínhamos a nossa recompensa, que seria o reconhecimento material, e o que seria acertadamente a manifestação da virtude a ser cultivada no exercício de aprimoramento da religiosidade, "de agrado do Pai".

c) Sobre a maneira de orar:

> E, quando orardes, não sereis como os hipócritas; porque gostam de orar em pé nas sinagogas e nos cantos das praças, para serem vistos dos homens. Em verdade vos digo que eles já receberam a recompensa.
> Tu, porém, quando orares, entra no teu quarto e, fechada a porta, orarás a teu Pai, que está em secreto; e teu Pai, que vê em secreto, recompensar-te-á.
> E, orando, não useis de vãs repetições, como os gentios; porque presumem que pelo seu muito falar serão ouvidos.
> Não vos assemelheis, pois, a eles; porque Deus, o vosso Pai, sabe o de que tendes necessidade, antes que lho peçais.

2.1 Sobre o Evangelho de Lucas

Rienecker (1998), nos seus estudos sobre o *Evangelho de Mateus*, traz interessante observação sobre a diferença desta passagem nas narrações de Mateus e de Lucas: "A formulação do Pai-Nosso foi transmitida duas vezes, uma mais longa em Mateus e outra mais breve em Lucas, onde faltam a 3ª e a 7ª petições, e a interpelação é apenas *Pai*. Isso escandaliza somente a quem tiver fé na letra morta. Nós cremos que Mateus tem a ação original". Quando aprofunda suas análises sobre o *Evangelho de Lucas*, Rienecker (2005) escreve:

> Repetindo parte da oração já proferida no Sermão do Monte (*Mateus,* 6:9 a 13) Jesus pretende dizer:

se vocês estão buscando palavras para a oração, falem com as seguintes palavras! O espírito da oração sem dúvida também inspira novas palavras, mas isso não anula a necessidade de orientar-se pelo modelo fornecido por Jesus.

Chama atenção a formulação mais curta da "oração do Pai-Nosso" em Lucas. No original grego, essa versão mais curta da "oração do Pai-Nosso" consiste em omitir a terceira e sétima preces, ou seja, deixar de lado o "Faça-se a tua vontade" e "mas livra-nos do mal".

Segundo Lucas, a oração ensinada por Jesus começa, no texto original, com a singela invocação de Deus e o desejo: "Pai, seja santificado o teu nome"! A ausência do pronome possessivo "nosso" no texto original de Lucas representa, em primeiro lugar, uma ênfase mais forte no nome do Pai. Evoca o termo aramaico para pai: *abba* = "o pai", que no grego é traduzido por *pater* = "pai", ou por *ho pater* = "o pai". Assim como Jesus chamou seu Pai de "Abba" (*Marcos,* 14:36), assim também cristãos de fala aramaica e grega usavam essa interpelação na oração (cf. *Romanos,* 8: 15; *Gálatas,* 14:6).

Em Mateus, a palavra "nosso" no "Pai-Nosso" alarga o olhar da silenciosa câmara de oração do coração para a igreja de Cristo que se expande pelo orbe terrestre. A oração em "secreto" torna-se, assim, a oração "que abarca o mundo" (Cf. Comentário Esperança, *Mateus*, p. 104 e seg.).

Em Lucas, porém, não apenas o "nosso" foi cortado, mas também o "que estás nos céus". A forma mais completa do linguajar judaico: "o Pai nos céus"

> ocorre apenas isoladamente fora do *Evangelho de Mateus* (cf. *Mateus,* 11:25; *Lucas,* 11:13).
> Dentre as cinco preces que a oração do Senhor contém no texto original de Lucas, duas referem-se diretamente à causa de Deus, mencionadas logo no começo, e três, às necessidades dos humanos, ocupando a segunda posição. Essa primazia absoluta concedida à causa de Deus incute nos que oram uma enorme negação do eu e tamanho amor e zelo por Deus e sua causa, não peculiares ao ser humano natural e indispensáveis ao coração de um verdadeiro filho de Deus, a pessoa renascida, para quem, como para o próprio Senhor, os interesses do Pai Celestial são os mais importantes. Somente então, quando o renascido se rendeu pessoal e integralmente a Deus, ele se volta para si mesmo, contudo não apenas para si, mas para a família de Deus da qual é membro. Depois de dizer tu até este momento, ou seja: "Teu nome seja santificado – teu reino venha"!, agora ele prossegue dizendo "nós". O sentido fraternal, portanto, surge na segunda parte de sua oração como complemento da consciência de filho diante do Pai Celestial, que determinava a primeira parte da oração. A intercessão entre irmãos e irmãs converge com a prece pessoal de filho e filha.

Morris (2000), em seu texto sobre o *Evangelho de Lucas,* escreve:

> A Oração Dominical (11:1 a 4): O relacionamento entre a oração aqui registrada e a versão mais plena da oração em *Mateus,* 6: 9 a 13 tem sido o

assunto de boa dose de discussão. Alguns pensam que Jesus ensinou a oração mais de uma vez. Indicam que isto é inerentemente provável. Em Mateus é pronunciada no decurso de um sermão perto do começo do ministério. Aqui, vem aparentemente muito mais tarde, e é a resposta de Jesus a um pedido de um discípulo, que muito possivelmente não estivesse na ocasião anterior. A variação seria natural se Jesus tivesse interesse num padrão ao invés de uma insistência rígida numa só forma de palavras. Outros sustentam que Jesus deu a oração uma só vez (pergunto-me como; se Jesus quisesse que fosse um padrão, parece curioso que Ele não a repetisse). Usualmente pensam que a versão lucana, mais curta, fosse a original, mas também sustentam que Mateus nalguns lugares conservou mais do sabor do original aramaico. Estudiosos recentes frequentemente veem a oração como sendo primariamente escatológica.[10] Consideram "venha o teu reino" como a petição central e as demais como elaborações dalguns aspectos do reino vindouro. Segundo este ponto de vista, a oração pede a Deus que santifique Seu nome pela destruição final de todos os seus inimigos, e depois espera o pão do banquete messiânico, para o perdão que Deus dará no dia do juízo, e para o livramento dos tempos finais de provação. *Esta, porém, parece ser uma interpretação desnatural da linguagem empregada, e é melhor entender a oração como sendo aquela que os cristãos devem orar enquanto buscam a ajuda de Deus na vida diária comum.*

[10] Nota do autor: Escatológico – referente a coisas do fim do mundo.

> Não é, naturalmente, impossível que os cristãos (que entendem que estão vivendo nos "últimos dias") combinassem o significado de todos os dias e o significado escatológico. Mas não vejo razão alguma para sustentar que o ponto de vista escatológico é suficiente em si mesmo. *Um aspecto final a ser notado é que, embora possa ser orada em particular, é essencialmente uma oração corporativa. Todos os pronomes estão no plural.*

Lourenço (2017a, p. 79) escreve que a versão em grego do *Pai-Nosso* de *Mateus* possui 58 palavras em grego, enquanto a versão de *Lucas* possui 38.

2.2 Diferentes visões de uma mesma expressão

Quando buscamos aprofundamento sobre a expressão seguinte ao *Pai-Nosso:* "Que estás nos céus" encontramos grande diversidade de interpretações por conta da origem religiosa de seus autores. Vejamos as posições diferentes em essência de Rienecker e Pastorino.

Para Rienecker (1998), a expressão quer significar:

> "Pai nos céus" significa que estamos radicalmente impedidos de transformar Deus Pai em nosso "paizão". A expressão "Pai nos céus" combina a bondade, que gera confiança, com a reverência mais sagrada. Qualquer intimidade grotesca e falsa fica de antemão excluída. A confiança no Pai jamais pode tornar-se uma familiaridade irreverente. Pois o Pai nos céus é e permanece santo.

Em Pastorino (1964, v. 2, Divisão do "Pai-Nosso") encontramos:

> A expressão "que está nos céus" [...] era também usual como sequência da invocação. [...] [A palavra em hebraico e em grego expressa] a atmosfera que envolve a Terra, e não, jamais, um lugar geográfico específico. Para dar ideia precisa dessas palavras (já que "céus" foi semanticamente alterado em seu sentido etimológico), deveríamos dizer: "nosso Pai que estás no ar que nos circunda, impregna e vivifica pela respiração" [...].

Por tal, importante sempre lembrar das questões linguísticas, culturais e de viés religioso que permeiam as traduções e as interpretações dos textos evangélicos.

3
ENSINA-NOS A ORAR

Senhor, ensina-nos a orar...
(Lucas, 11:1.)

A questão que se coloca na aprendizagem da oração é bem recortada na fala do Espírito Emmanuel (XAVIER, 2021a, cap. 167 – *Na oração*) quando escreve que "A prece, nos círculos do Cristianismo, caracteriza-se por gradação infinita em suas manifestações, porque existem crentes de todos os matizes nos vários cursos da fé". Lista o benfeitor os pedidos dos egoístas (solução dos caprichos), dos inquietos (realização dos propósitos inconstantes), dos ignorantes do bem (chegam a rogar mal para o próximo) e sintetiza: "Inúmeros beneficiários do Evangelho imploram isso ou aquilo, com alusão à boa marcha dos negócios que lhes interessam à vida física. Em suma, buscam fuga.

Anelam somente a distância da dificuldade, do trabalho, da luta digna".

Isso nos leva a perceber que o exercício da aprendizagem da oração não é um ato simples, porque não está circunscrita ao exercício vocal, que articula palavras bem escolhidas e encaixadas num contexto cognitivo previamente elaborado.

Tampouco, a oração é um ato restrito aos eleitos dos Céus que já conseguiram, em vivendo na Terra, fazer com que o Cristo viva neles, como apregoava o Apóstolo Paulo.

A oração é sublime caminho de aprendizado interior, visto que devemos no seu exercício cotidiano apresentar-nos ao Pai com a *veste nupcial que conseguirmos tecer nas emoções* e é um ato de aprendizado exterior, porque a figura do outro é uma peça-chave na vivência do Evangelho e da própria oração que, de início, é um exercício pessoal realizado em secreto, transformando-se em ação coletiva e partilhada. Como orar em conjunto se não nos dispomos a amar ou mesmo resolver as questões com os que formam conosco o grupo ou o coletivo?

Se acharmos que este ato é simples e fácil é porque não estamos alcançando a sua complexidade! Estamos ainda envoltos e dominados pela ingenuidade que exalta o egoísmo e elabora uma autoimagem que não condiz com a realidade... Isso pode fazer com que repitamos as falhas de antes: submetermos Deus aos nossos caprichos e solicitarmos que estejamos melhor do que o próximo, porque nos sentimos mais merecedores das bênçãos celestes! Escrevendo sobre isso, Emmanuel (XAVIER, 2021c, cap. 77 – *Pai-Nosso*) diz que:

> Quando entendemos semelhante realidade [a que somos componentes imperfeitos de uma sociedade menos perfeita], o "império do eu" passa a incorporar-se por célula bendita à vida santificante.
> Sem amor a Deus e à Humanidade, não estamos suficientemente seguros na oração.

Neste trecho de nosso estudo vamos buscar aprofundar reflexões em torno de questões básicas sobre a oração e que, muitas vezes, quando não esclarecidas pela óptica espírita, fazem-nos conviver no Espiritismo, mas repetindo práticas que estão entranhadas na história do homem e da sociedade em que vivemos. Iniciemos nossas reflexões com o texto do Espírito Amélia Rodrigues [FRANCO, 1981, cap. 5 – *Ensina-nos a orar*] sobre o tema deste bloco:

> ENSINA-NOS A ORAR
>
> O planalto da Judeia se eleva naquele local a quase 830 metros acima do nível do mar, sendo ali o seu ponto culminante. *Ephrém* é região bucólica, onde os damasqueiros se arrebentam em flores, vestem-se de frutos, e as tulipas se multiplicam em campos verdejantes com a abundância do sol dourado, cujos poentes se demoram em fímbrias coloridas, contrastando com as sombras das noites em vitória...
> A aldeia de *Ephrém* ou *Efraim* é um amontoado de casas singelas entre flores silvestres e roseiras variadas, situando-se sobre um largo terraço fértil do planalto árido, onde, no entanto, abundam nascentes cantantes e de cujas bordas se avistam no longo vale que se esconde embaixo das imensas costas

talhadas a pique em alcantis, pelo lado do Moab, o tranquilo Jordão e o mar Morto. Dali, a visão dos horizontes é um convite à meditação, fazendo que o homem se apequene ante a Grandeza de Deus.
Naquela paisagem tudo são convites às coisas divinas.
Nesse plano de exuberante beleza, o Mestre elucida os companheiros fiéis, quanto à comunhão com o Pai. Já lhes falara diversas vezes sobre a necessidade da oração e em muitas ocasiões deles se apartara para o silêncio da prece. Ensimesmado, frequentemente buscava a soledade para a ligação com Deus, através desse ministério ardente e apaixonado.

*

Os livros da fé ancestral, todos eles, reportam-se à exaltação do Senhor, mediante o abrir a boca da alma e falar aos divinos ouvidos.
Aquela será a última primavera que passariam juntos. Os colóquios, as lições serão interrompidas. Ele o sabe. Ministra as últimas instruções. O Cordeiro Inocente logo mais deverá marchar na direção do matadouro. Quanto há, no entanto, ainda, a dizer!
São crianças espirituais aqueles companheiros bulhentos e sem a noção exata do que lhes será pedido.
O tempo urge!
As suas vigílias são maiores e seus solilóquios mais demorados.
Retornava desse colóquio, e a placidez da face denotava a vitalidade haurida no intercâmbio com o Pai...

Os discípulos aguardavam-no com carinho, ansiedade, e inquirem-No quanto à melhor forma de orar, como dizer todos os ditos da alma Àquele que é a Vida e que sabe das necessidades de cada um em particular e de todos simultaneamente...

Havia, sim, em todos, o desejo veemente de aprender com o Rabi, – que tantas lições lhes dispensara antes com invulgar sabedoria! – a mais eficiente das orações.

Inquiriram, porém: Se Deus nos conhece e sabe o que temos maior urgência, por que se há de lho rogar? Como fazê-lo, então?

– Ensina-nos a orar! – pediu um dos discípulos, amigo devotado.

Seus olhos estavam incendiados de luz e nele havia aquela confiança pura da criança que se entrega em total doação e aguarda em tranquilidade enobrecida.

O Mestre relanceou o olhar pelas faces expectantes que o buscavam seguir e desejavam adquirir forças para, no futuro, entregarem-se inteiramente ao Evangelho nascente; depois de sentir as ânsias que através dos tempos estrugiriam nos continuadores da sua Doutrina, pelos caminhos do futuro, sintetizou as necessidades humanas em sete versos, os mais simples e harmoniosos que os humanos ouvidos jamais escutaram, proferindo a Oração Dominical.

As frases melódicas cantaram delicadas através dos seus lábios como se um coral angélico ao longe modulasse um cantochão de incomparável melodia, acompanhando suavemente.

Uma invocação:
Pai nosso que estás nos céus:[11]
Glorificação d'Aquele que é a Vida da vida, *Causa cáusica* do existir, *Natureza da Natureza* – *nosso Pai*!
Três desejos do ser na direção da Vida, após a referência sublime ao Doador de Bênçãos:
Santificado seja o Teu *Nome.*
Venha a nós o Teu Reino,
Seja feita a Tua Vontade, na Terra como no Céu; eloquentes expressões de reconhecimento ao Altíssimo; humildade e submissão da alma que ora e se subordina às inexauríveis fontes da Mercê Excelsa; entrega total, em confiança ilimitada. Exaltação do Pai nas dimensões imensuráveis do Universo; respeito à grandeza da Sua Criação, através da alta consideração ao Seu Nome; resignação atual diante das Suas Determinações Divinas e Divina Presciência.
Canto de amor e abnegação!
Três rogativas, em que o homem compreende a própria pequenez e levanta-se, súplice, confiante, porém, em que lhe não será negado nada daquilo que solicita:
O pão nosso de cada dia, dá-nos hoje;
Perdoa-nos as nossas dívidas, assim como perdoamos aos nossos devedores;
Não nos deixes cair em tentação, mas livra-nos de todo mal.

---

[11] Nota da autora espiritual: Conquanto as divergências entre os textos de *Mateus* (6:9 a 15) e *Lucas* (11:1 a 4), preferimos as anotações do primeiro, embora aquele situasse a preciosa oração, em continuidade ao Sermão do Monte. Assim o fazemos, considerando a métrica e o ritmo que se observam nas narrações das línguas semitas e por registrar a omissão de todo um verso nas anotações de Lucas. Outrossim, tomamos como lugar da ocorrência as circunvizinhanças da aldeia de *Ephrém* ou *Efraim* ao invés do Monte das Oliveiras, conforme a situam diversos exegetas e historiadores escriturísticos.

A base da manutenção do corpo é o alimento sadio, diário, equilibrado, tanto quanto a vitalidade do espírito é a sintonia com as energias transcendentes – *dá-nos hoje*!

Sustento para a matéria e força para o Espírito, de modo a prosseguir no roteiro de redenção, no qual exercita as experiências evolutivas.

Reconhecimento dos erros, equívocos e danos causados a si mesmo e ao próximo – *perdoa-nos!* – ensejando reparação, através da oportunidade de refazer e recomeçar sem desânimo, superando-se e ajudando aos que nos são vítimas – *como perdoamos aos que nos devem!...*

Forças para as fraquezas, em forma de misericórdia de acréscimo, multiplicando as construções das células e das energias espirituais; reconhecimento das intocáveis fragilidades que a cada instante nos sitiam e nos surpreendem – *livra-nos de todo mal!*

*

A musicalidade sublime canta em balada formosa na pauta da Natureza, conduzida pelo vento.

A mais singela, a mais completa oração jamais enunciada. Há emoções nos Espíritos que reconhecem a responsabilidade de conduzirem o sublime legado na direção do futuro.

A ponte de intercâmbio entre os dois planos do mundo está lançada. Transitarão, agora, as forças mantenedoras do equilíbrio.

Pedi e dar-se-vos-á; – exorou o Pomicultor Divino.

Ensina-nos a orar! – rogara o discípulo ansioso.

As virações daquela hora embalsamam o ar de mil odores sutis e constantes, e há festa nos corações.
O Reino de Deus está, agora, mais próximo. Divisam-se os seus limites e se vislumbram as suas construções...
Nenhum abismo, nenhum óbice. Vencidas as indecisões, os caminhos se abrem, convidativos, oferecendo o intercâmbio.
Aqueles homens que se levantarão logo mais da insignificância que os limita e irão avançar no rumo do Infinito, doravante, orando, estarão em comunhão permanente com o Pai.
O homem sobe ao Pai no Céu – o Pai desce ao homem na Terra.
Já não há um díptico.
Do solilóquio chega-se ao diálogo.
E do diálogo o Espírito sai refeito, num grande silêncio de paz e vitalidade, exaltando o Amor de Deus na potencialidade inexcedível da oração.
– *Ensina-nos a orar!*
– *Pai nosso que estás nos céus...*

3.1 Orar também se aprende

Orar é um ato que se deve converter em hábito.
(Joanna de Ângelis)

A resposta de Jesus ao pedido do discípulo – ensina-nos a orar – confirma que é possível aprender a orar de outra forma... aquela que o Rabi fazia uso constantemente.

Outra conclusão possível e necessária é que se Jesus se dispunha a ensinar é porque somos capazes de aprender... mesmo que respeitando a velocidade de cada qual nas diversas etapas que caracterizam esse exercício de encontro de cada um com o Criador de todos.

Podemos dizer que a grande marcha da aprendizagem da oração inicia-se quando o homem deixa de atentar para as questões eminentemente externas e periféricas e dirige a atenção para a intimidade. Esta marcha tem a conclusão de sua primeira etapa quando o ato de orar se converte em hábito, como ensina a benfeitora Joanna de Ângelis (FRANCO, 1997, cap. 7 – *Equipamentos da oração*).

Em um exercício meramente didático, podemos apresentar algumas etapas deste processo, conforme é possível inferir da leitura da referida mensagem da benfeitora:

a) Como qualquer outra atividade mental, ela exige:

- frequência;
- intensidade; e
- interesse.

b) Por ser "um fenômeno moral, emocional e espiri tual, que deve suceder de forma consciente" (FRANCO, 1997), espera-se que seja movida pela vontade que se vai educando paulatinamente. No início, com dificuldade por absoluta falta de oportunidade ou mesmo interesse, o que vai se tornando mais fácil com o exercício cotidiano.

c) Seus resultados são o clima de harmonia interior e a sintonia superior constante. É certo que a plenitude destes estados só é possível no decorrer do processo, como conquista pessoal, percebida e vivida e diversas gradações... por isso dizer-se que orar também se aprende. O aprendiz deve estar atento para perceber as pequenas mudanças que, ao final, permitirão este estado de plenitude, que se caracteriza por "uma constante vinculação com Deus".

Antes, porém, desta plenitude, o aprendiz pode identificar algumas das características da aprendizagem da oração:

- interrompe o tropel das desgraças;
- proporciona claridade mental para entendê-las;
- acalma, conforta e propõe métodos para contornar e resolver quaisquer que sejam as dificuldades.

Iniciemos agora nosso exercício cotidiano de aprendizagem da oração até que isto se converta em hábito, lembrando que

> A oração é um estado psíquico de confiança em Deus, que deve constituir a primeira reação da conduta diante das ocorrências humanas.
> Conforme respiras, podes pensar em Deus, sem te divorciares das atividades do mundo. - Joanna de Ângelis (FRANCO, 1987a, cap. *Na luz da oração*).

Fixemos, de forma definitiva, que a oração deve ser aprendida para que alcancemos o máximo resultado. Não se coloca em dúvida o Amor de Deus por seus filhos, mas o esforço de merecimento empreendido por cada um e o auxílio com função educativa nas Respostas Divinas que nunca deixam de vir. Ao fim, lembra-te sempre:

> Quando te dispuseres a orar, cria, primeiro, o clima favorável indispensável à comunhão com Deus. Não será de improviso que o conseguirás. Torna-se necessária uma mudança de atitude emocional e mental, a fim de que te concentres no objetivo e emitas o pensamento de maneira segura, simples, sem soberba e presunção. – Joanna de Ângelis (FRANCO, 2006, cap. 27 – *Benefícios defluentes da oração*).

3.2 Por que orar?

Essa é uma questão que surge recorrentemente entre aqueles que possuem uma crença infantil ou uma fé em construção: "Por que devo orar se Deus sabe daquilo que necessito"? ou "Se Deus tudo sabe, de que me adiantará pedir o que está previsto acontecer (ou não) em minha vida"?

Certamente, questões como estas podem e devem ser apresentadas para que possamos buscar maneiras diferentes de respondê-las, além daquelas apresentadas pela tradição religiosa da qual todos emergimos, mesmo que em tempos diferentes.

Allan Kardec trata exatamente deste tema no item 6, do capítulo 27 de *O evangelho segundo o espiritismo*, intitulado *Pedi e obtereis* – eficácia da prece. Ao comentar estas questões, escreve o Codificador:

> [...] Sendo livre o homem de agir num sentido ou noutro, seus atos lhe acarretam, e aos demais, consequências subordinadas ao que ele faz ou

> não. Há, pois, devidos à sua iniciativa, sucessos que forçosamente escapam à fatalidade e que não quebram a harmonia das leis universais, do mesmo modo que o avanço ou o atraso do ponteiro de um relógio não anula a lei do movimento sobre a qual se funda o mecanismo. Possível é, portanto, que Deus aceda a certos pedidos, sem perturbar a imutabilidade das leis que regem o conjunto, subordinada sempre essa anuência à Sua Vontade. [KARDEC, 2019a].

Disto necessitamos extrair alguns pontos de reflexão. Primeiro, a certeza de que Deus tudo sabe certamente, mas a existência do livre-arbítrio dá-nos alguma liberdade de escolha desde a nossa individualização espiritual até a perfeição que a todos está reservada, variando o grau de liberdade e de responsabilidade de acordo com o conhecimento efetivo e maturidade emocional de cada um de nós. Segundo, o contato da criatura com seu Criador deve favorecer a capacidade que temos de perceber os problemas ou obstáculos à nossa volta e, depois, identificar as possíveis alternativas para que decidamos de acordo com os valores e interesses que cada um agasalha na intimidade.

Não oramos para que nossos problemas sejam resolvidos nem para que as dores morais cessem, visto que estes fenômenos existem para atender a máxima de que encarnamos para dar conta do processo de educação do Espírito.

Oramos porque necessitamos desanuviar a visão ou necessitamos de lampejos de paz interior para exercitarmos com mais acerto a decisão que nos cabe tomar frente à vida.

Vamos escolher com ou sem o estado de oração! Orando temos maior e melhor condição de perceber o contexto e as saídas.

Essas questões são tratadas com especial cuidado pela benfeitora Joanna de Ângelis em diversas de suas obras das quais colhemos os seguintes exemplos:

a) A prece não irá resolver os dilemas, os problemas, os desesperos. Revestida, porém, de unção, produz uma real ligação entre o orante e o Senhor da Vida, na qual, de imediato se auferirá bem-estar, inspiração para encontrar soluções, reforço de energia, de modo que esses recursos contribuirão para equacionamento da dificuldade e do desafio evolutivo.
É justo que a prece, por si mesma, não solucione os problemas humanos, o que redundaria em prejuízo moral àquele que ora, porquanto este necessita de lutar, a fim de aprender e conquistar o Infinito. (FRANCO, 2006, cap. 27 – *Benefícios defluentes da oração*).

b) Faze um intervalo nas lutas quanto te permitam as possibilidades e convida-te à oração, a fim de poderes prosseguir intimorato pelo caminho da redenção. Lobrigarás, então, *melhor entendimento sobre coisas, fatos e pessoas.* (FRANCO, 1972, cap. 31 – *Convite à oração*; grifos nossos).

c) Não há desafio que a oração não atenda com eficiência. Habituando-se à vivência oracional, alterar-se-ão os centros de captação espiritual e te envolverás em equilíbrio. Muita falta faz ao ser humano o tesouro da oração pacificadora e alimentícia (FRANCO, 2018, cap. 27 – *Recursos da oração*).

A fim de reforçar o entendimento sobre o porquê orar, podemos recorrer também aos ensinamentos do Espírito Marco Prisco (FRANCO, 2010a, cap. 1 – *Finalidade da oração*):

> Faça da oração o seu canal de comunicação com as Forças Superiores da Vida.
> Não aguarde que ela solucione os problemas que lhe constituem *motivo de crescimento espiritual.*
> Utilize-a como recurso de comunicação capaz de o beneficiar, enriquecendo-o de esperança e terminando por facultar-lhe o claro entendimento da realidade.

Logo, não devemos orar na esperança de que Deus nos vai resolver as questões, mas, sim, para que alcancemos melhores condições de cuidarmos daquilo que nos é próprio nesta vida. Eis por que orar!

3.3 Como orar?

Neste momento, devemos resgatar outra frase de Jesus a fim de dar sentido às questões em torno da oração. Ela está contida em *Mateus*, 6:21: "Porque onde estiver o vosso tesouro, aí estará também o vosso coração".

Esta reflexão prévia é necessária uma vez que, na oração, vamos externar a Deus nossos valores e nossas prioridades. O egoísta, quando ora, solicita a Deus que ele continue a ser o foco das decisões e que as bênçãos convirjam para ele, visto que se sente o centro do mundo. O avarento requisitará a ação divina no sentido de favorecê-lo com mais moedas, em detrimento dos demais. O portador de mágoas profundas solicitará que o Senhor o vingue ao invés de solicitar condições para extinguir a mágoa que o consome. O déspota pedirá mais poder. O ditador, que sejam esmagados os inimigos.

E todos dirão "Deus não me atendeu as melhores rogativas"!

O exercício da oração deve encontrar sincronia com o lugar onde o homem guarda seu tesouro, visto que o homem fala, pela boca ou pela emoção, do que alimenta no próprio íntimo. São esses valores que regem a sinfonia de pedidos a Deus.

Escreve Joanna de Ângelis (FRANCO, 1983, cap. 2 – *Como oras?*) que: "Jesus ensinou-nos, na Prece Dominical – a oração perfeita – a louvar, agradecer e pedir". Para louvar, agradecer e pedir o homem não pode ter como sentido e significado a si mesmo, numa postura egocêntrica. Estes verbos solicitam que o homem veja a Deus como Pai, a Vida como oportunidade e a dificuldade como aprendizagem.

Se nos tomamos como centro do Universo, dizemos a Deus o que deve fazer para que sejamos "felizes" à nossa maneira.

Elencando pedidos do "homem velho", tomamos a Deus por um de nós, transferindo para este arremedo de divindade que projetamos todos os nossos sonhos limitados e as nossas idiossincrasias.

Conforme vamos dando sentido e significado à existência atual, vamos percebendo que as rotinas de causa e efeito a que estamos submetidos são instrumentos de educação do Espírito, que possuem um motivo de existir, mesmo quando não temos lembranças das causas anteriores. Deus é, então, alçado intimamente à posição de Pai, como nos ensinou Jesus.

A partir daí, vamos percebendo que o tesouro onde depositamos nosso coração passa a ser constituído de coisas que os *ladrões não roubam* e nem as *traças consomem*. Colocamo-nos diferentemente frente a Deus e oramos como tal: filhos amados de um Pai Criador, em processo de crescimento e de aprendizagem.

Escreve Joanna de Ângelis (FRANCO, 2018, cap. 27 – *Recursos da oração*) que a oração "exige requisitos indispensáveis para que seja alcançada a finalidade a que se destina. Não bastam palavras, mesmo quando rebuscadas ou vestidas da magia poética de encantamento. O que é de fato fundamental diz respeito à onda do pensamento ativada pela emoção".

Disto – dos valores de nosso coração – deriva o fato de que cada um de nós irá orar de forma diferente e pessoal, assim como cada um de nós irá orar diferentemente em cada etapa ou idade emocional ao longo da própria vida.

Essa distinção é bem exemplificada pelo Espírito André Luiz (XAVIER, 2020, cap. 24 – *A prece de Ismália*) em sua obra *Os mensageiros*, quando informa os acontecimentos percebidos por ele durante a prece proferida pelo Espírito Ismália, de ordem superior ao conjunto de Espíritos reunidos para atendimento específico. Escreve ele:

> A voz de Ismália penetrava-me o recesso do coração. Observando-a, por um momento, reparei que a esposa de Alfredo se transfigurara. Luzes diamantinas irradiavam de todo seu corpo, em particular do tórax, cujo âmago parecia conter misteriosa lâmpada acessa.
>
> Em vista da ligeira pausa que imprimira à oração, observei a nós outros, verificando que o mesmo fenômeno se dava conosco, embora menos intensamente. Cada qual parecia, ali, apresentar uma expressão luminosa, gradativa. As senhoras que acompanhavam Ismália estavam quase semelhantes a ela, como se trajassem soberbos costumes radiosos, em que predominava a cor azul. Depois delas, em brilho, vinha a luz de Aniceto, de um lilás surpreendentemente. Em seguida, tínhamos Alfredo, cuja luz era de um verde suave e sugestivo, sem grande esplendor. Depois dele, vinham alguns servidores ostentando na fronte claridades sublimes, expressas em variadas cores, e, logo após, Vicente e eu mostrávamos fraca luminosidade, a qual, porém, enchia-nos de júbilo intenso, considerando que a maioria dos colaboradores em serviço apresentava o corpo obscuro, como acontece na esfera carnal.

Após o serviço a que se entregavam, o instrutor Aniceto explica a André Luiz o motivo da diferença percebida em cada um dos presentes:

> Na prece encontramos a produção avançada de elementos-força. Eles chegam da Providência em quantidade igual para todos os que se deem ao trabalho divino da intercessão, mas cada Espírito tem uma capacidade diferente para receber. [...] (cap. 24 – *A prece de Ismália*).

Logo, se tomarmos o que se apresenta o Espírito André Luiz como analogia, perceberemos que a oração é um transbordar das próprias possibilidades acumuladas por cada um.

Não há escolhas divinas nos atendimentos em maior ou menor grau de sucesso. Há possibilidades individuais de percepção em resposta ao atendimento igualitário da Providência Divina.

Em resposta a questão: *Como oras?* Podemos dizer: tal como escolhe viver!

A capacidade de orar, a maneira de orar e a fluidez da oração são próprias do exercício de orar e refletem o esforço que cada qual realiza íntima e reservadamente para "dobrar as suas más inclinações".

3.4 O que pedir?

Até agora, nada pedistes em meu nome; pedi e recebereis, para que o vosso gozo se cumpra.
(JOÃO, 16:24.)

Quando te entregares à benção da prece, observa o que pedes, como pedes e para que pedes.
(JOANNA DE ÂNGELIS)

Na mesma linha de raciocínio que apresentamos no item *Como oras?* Podemos refletir em torno da questão "o que pedir" na oração, resgatando outra frase do Evangelho: "Até agora, nada pedistes em meu nome; pedi e recebereis, para que o vosso gozo se cumpra" (*João*, 16:24).

A frase de João, o Evangelista, parece indicar que o segredo do sucesso da oração está em pedir em nome de Deus! Descoberto o segredo, percebe-se que ele não facilita a vida dos pedintes sistemáticos por meio da oração mecanicamente proferida, tendo como foco aquilo que acreditam merecer.

Se pedirmos somente a partir da estreiteza de nossas visões, estamos, desde já, desatendendo ao ensinamento evangélico. Quando assim procedemos, em geral, manifestamos nossos mais grosseiros interesses ao invés de exercitarmos as possibilidades divinas que jazem adormecidas em cada um de nós. Pedir em nome de Deus é solicitar com coerência de valores, de ética, de entrega à Vida.

A frase joanina indica um processo: "Até agora nada pedistes em meu nome...". Logo, muitos de nós ainda estamos no estágio de projetarmos na rogativa, visando o futuro, aquilo que deveríamos deixar no passado da alma. Os instintos e as necessidades físicas por si mesmas são características de estágios espirituais que devem dar lugar a estágios renovados e renovadores, onde sentimentos e necessidades físicas como suporte para a Vida ocupam novas prioridades. Não se trata de negar o passado, mas de transformá-lo, tomando-o como matéria prima para a produção do homem novo, resultando na metamorfose do instinto em emoção e, depois, em sentimento, de virtude em gérmen em virtude em ação.

Um rico exemplo sobre a maneira ampliada de enxergar o ato de pedir é dado pelo Espírito André Luiz (XAVIER, 2020, cap. 15 – *A viagem*), quando escreve: "[...] Quem não sabe agradecer, não sabe receber e, muito menos, pedir".

O ato de agradecer é antagonista do egoísmo em qualquer uma das suas manifestações. Quem agradece identifica o outro como protagonista de um ato que o alcança de alguma forma. Quem agradece precisa ver o seu benfeitor como alguém de valor que realizou algo que é acolhido pelo beneficiário, que retorna com a gratidão possível.

O ato de agradecer é um exercício que aproxima o pedinte de Deus e do que é divino.

Quando aprendemos a agradecer, reconhecemos o ato do qual somos beneficiários e, por conseguinte, postamo--nos para receber o benefício. Receber o resultado de uma ajuda digna de agradecimento é um exercício de humildade que aproxima o pedinte de Deus e do que é divino.

Quando iniciamos a aprendizagem do agradecer e do receber estamos nos preparando para o exercício de pedir, lastreando-o com humildade.

Pedir com acerto é, pois, ato complexo. Se não for antecedido por reflexão e emoções adequadas, torna-se falatório inócuo onde se recitam listas de solicitações e vantagens das quais nos achamos merecedores.

Então, o ato de pedir deve estar atrelado a outras práticas que o suportam, dando-lhe direção e qualidade.

Para a benfeitora Joanna de Ângelis (FRANCO, 1987, cap. 14 – *Oração plenificadora*), o ato de pedir, na oração, deve estar sempre acompanhado do louvar/adorar e do agradecer. Chama nossa atenção para o fato de que "[...] a oração, não se reduz a pedidos e rogativas, mas, sobretudo, à glorificação e reconhecimento pelos dons da Vida".

Para o Espírito Aura Celeste (FRANCO, 1969, cap. 43 – *Louvor, rogativa e gratidão*), devemos orar visando louvar, rogar e agradecer.

Para o Espírito Amélia Rodrigues (FRANCO, 1988b, cap. 16 – *A arte de orar*), "a oração deve revestir-se, portanto, dos três atos consecutivos: louvar, pedir e confiar agradecendo".

Em síntese, é "indispensável saber pedir, compreender o fim para o qual se pede e o de que realmente necessita para pedir" – Joanna de Ângelis (FRANCO, 1977b, cap. 19 – *A comunhão com Deus. O hábito da prece*).

3.5 Onde orar?

Para refletirmos sobre este tema necessitamos diferenciar duas maneiras de orar. A primeira delas, que podemos chamar de objetiva, é aquela a que estamos historicamente acostumados a executar: paramos as nossas atividades e executamos uma oração. A segunda, que podemos chamar de forma ampliada, está relacionada não a um momento, mas a um estado ou uma dinâmica contínua.

Para o primeiro tipo, a objetiva, devemos lembrar a recomendação de Jesus: orar em secreto, conforme encontramos em *Mateus*, 6:6, fazendo um contraponto com os hipócritas, que oram de pé nas sinagogas e nas praças para serem vistos pelos homens.

É certo que Jesus não recrimina a oração na sinagoga ou nas praças, mas, sim, a intenção que move estes homens: serem vistos pelos demais no exercício religioso. A proposta de Jesus para que oremos em secreto parece indicar que este ato é de íntima relação entre aquele que ora e Deus.

Este cuidado essencial deve ser mantido quando o exercício da oração deixa de ser individual para ser coletivo como, aliás, indica Jesus quando se utiliza do plural na *Oração Dominical*. A prece coletiva deve submeter-se à essencialidade do ato, evitando fórmulas exteriores de repetição automática ou rotinas que expressem excentricidades que em nada lembram a simplicidade com que Jesus registrou o ato de orar.

Feitas estas considerações, a oração objetiva pode ser realizada em qualquer ambiente respeitoso e que propicie as condições que cada qual acredita serem necessárias. Podemos orar em secreto no quarto, em casa, nos ambientes religiosos, nos locais onde a dor solicita amparo etc. Onde estiver o homem pode haver oração, visto que o coração do homem é tal qual "precioso altar" que propicia a relação divina.

No que se refere à forma ampliada de orar, precisamos lembrar que estamos imersos no *Hálito Divino* e, por conta disso, podemos conectar-nos com Deus nas pequenas coisas, lembrando Jesus ao referir-se aos lírios do campo e às aves do céu, que não semeiam nem guardam em celeiros, mas a Misericórdia de Deus os acolhe e cuida (*Mateus,* 6).

Desta visão de vida surge a ideia de que devemos integrar-nos à Vida nas pequenas coisas que fazemos, fazendo-as com unção, com honradez e com gratidão pela oportunidade.

Escreve Joanna de Ângelis (FRANCO, 2022, cap. 36 – *Arar orando*), que:

> Narra Léon Tolstoi que um sacerdote convidou um lavrador a orar, e este, que se encontrava na gleba laborando, respondeu não poder acompanhá-lo à oração porque arava. Após meditar, obtemperou

> o ministro da fé religiosa: *fazes bem, pois que arar é também orar...* (Grifos nossos).

A benfeitora dará continuidade a este raciocínio em *Espírito e vida*, na página intitulada *Orar sem cessar* (FRANCO, 1978, cap. 35 – *Orar sem cessar*) amplia a lista de exemplos de tarefas cotidianas que, se feitas com unção e respeito, são exercício de oração ampliada. Escreve ela:

> O homem, honrando-se no trabalho do campo, ora.
> O oleiro modesto, na confecção nobre do vaso, ora.
> O operário eficiente, na materialização do compromisso, ora.
> O sacerdote, em visita à dor, ora.
> O instrumentalista, em exercício digno, ora.
> O mestre, ministrando às páginas da vida na formosa ciência do ensino, ora.
> O profissional acadêmico, trabalhando fiel ao juramento, ora.
> O estático ou o reverente, o solitário ou o enclausurado, longe da ação superior que anula todo o mal, mesmo em atitude de prece, estão distantes da oração.

Logo, podemos orar onde estivermos se aproveitarmos a ação cotidiana para uma execução honrada. Parece claro que aquele que assim procede, quando se postar em atitude de prece formal, terá maiores facilidades de conectar-se, aí de forma mais intensa e dirigida, com a Divindade, visto que sua voz, que vai aos céus, será lastreada pelo fazer coerente ao homem que crê e vive como tal.

3.6 Quando orar?

Orai sem cessar.
(I Tessalonicenses, 5:17.)

[...] perseverai na oração.
(Romanos, 12:12.)

Vamos iniciar a viagem sobre o *quando orar* e, considerando o que já foi apresentado até aqui, podemos, com leveza, propor uma abordagem eminentemente didática na busca à resposta desta provocante questão. O *quando orar* depende da maturidade da fé de cada qual e do despertamento de cada um para o *sentido* e o *significado* da Vida.

Inicialmente, podemos dizer que o orante tende a especificar horários para orar. Ora à noite, antes de dormir, na esperança de ter um sono tranquilo e seguro e, também, ora ao acordar, buscando preparar-se para o novo dia. Eis um ótimo começo!

Na etapa seguinte, agrega a essa rotina a oração em torno de acontecimentos. Buscará a oração nos momentos do alimento, dando graças por isso. Demonstrará gratidão em aniversários e datas comemorativas de sua emoção e de seus amores. Sensibilizar-se-á com acontecimentos dolorosos de sua vida e da vida de seu próximo, elevando a voz e envolvendo as vítimas de acontecimentos funestos e de desastres naturais que ferem nossa sensibilidade.

Outros, porém, alcançarão um estágio mais aprimorado e agregarão às orações de horários e de acontecimentos, a oração permanente que, como já registramos, é antes um *estado* e não mais um *episódio*. Neste estágio, o homem busca pelo exercício da oração integrar-se à Vida e fazer parte ativa dela, dando seu contributo para os grupos familiar e social em que está inserido. Este homem é grato à Vida e é proativo no Bem. Ele atende ao que Jesus informa sobre a integração à Vida Maior, expresso na passagem dos lírios do campo e das aves do céu (*Mateus*, 6).

Passando pelas preces lidas para as preces sentidas da emoção até alcançar o *estado* de prece permanente, todos estamos na grande viagem do aprendizado, do ligar-se a Deus. Esse processo é único, é pessoal, é intransferível, é demorado e suas conquistas são para todo o sempre.

Não foi à toa que o Apóstolo dos Gentios – Paulo de Tarso –, ao escrever aos cristãos da cidade de Tessalônica expressa-se assim: "Orai sem cessar", deixando claro que devemos buscar o estágio em que a oração se manifesta *pelo que* fazemos e *como* fazemos as coisas em nossa vida, patenteando em atos e em emoções aquilo que acreditamos e buscamos. Comentando esta passagem de Paulo de Tarso, a benfeitora Joanna de Ângelis (FRANCO, 1978, cap. 35 – *Orar sem cessar*) escreve:

> Compreendemos, assim, que o "orar sem cessar" é meditar sempre, aplicando o tempo mental em utilidade psíquica, laborando, pela edificação íntima ou alongando os braços no serviço de santificação do dever.
>
> [...]

> [...] Orar é como arar, agir, atuar com Jesus Cristo e os Espíritos Superiores em favor do mundo.

A benfeitora irá repetir o ensinamento quando escreve que orar "deveria ser uma prática natural, porque pensar no bem, agir corretamente, viver com dignidade são também formas enriquecedoras de oração sem palavras" – Joanna de Ângelis (FRANCO, 2016, cap. 20 – *Tesouro da oração*).

Insistindo na ideia, Paulo de Tarso torna a este tema quando se dirige aos cristãos da cidade de Roma e instrui: "Perseverai na oração" (*Romanos,* 12:12). O convite à perseverança reveste-se de sabedoria porque estamos todos aprendendo a orar e, por isso, devemos permitir-nos os passos vacilantes de aprendizes ainda indisciplinados, sem esquecer que, apesar de nossa fé vacilante, Deus responde-nos sempre, mesmo que de forma distinta daquela que solicitamos ou que acreditamos merecer.

Orar ainda não é nosso hábito, mas, com perseverança, isso é possível. E quando isso acontecer, entenderemos o que ensina Joanna de Ângelis, em *Vida feliz* (FRANCO, 1992, cap. 27 – *Oração*):

> Não desconsideres o valor e o poder da oração.
> O corpo necessita de alimento adequado para manter-se. Assim também o Espírito, que é fonte de vitalização da matéria.
> A prece constitui combustível de alta qualidade para sua harmonia.

> Adquire o hábito de orar, incorpora-o aos outros mecanismos materiais da tua existência e constatarás os benefícios disso decorrente.

Em síntese, podemos dizer que:

> A medida ideal, evidentemente, será orar antes de atuar para que a ação imprevidente não conduza o desassisado à oração do desespero. – Joanna de Ângelis (FRANCO, 2022, cap. 36 – *Arar orando*).

> Uma prece a mais nunca é demais. – Marco Prisco (FRANCO, 1977a, cap. 17 – *Nunca é demais*).

> Orar sempre e constantemente para sair da aflição, evitar a tentação, dominar a ira e entender o sofrimento – ignorado mestre – que segue com o Espírito estrada afora sublimando a imortalidade. – Amélia Rodrigues (FRANCO, 1969, cap. 40 – *Orar sempre e constantemente*).

> E ainda agora, quando fatores variados conspiram na vida moderna contra a serenidade, a paz e a edificação cristã, entre os homens, recorda a necessidade de orar, orar sem cessar, para que o vendaval das paixões não te possa carregar na sua fúria. – Joanna de Ângelis (FRANCO, 1978, cap. 35 – *Orar sem cessar*).

3.7 Por quem orar?

Confessai as vossas culpas uns aos outros, e orai uns pelos outros, para que sareis. A oração feita por um justo pode muito em seus efeitos.
(Tiago, 5:16.)

É muito comum que pessoas solicitem a intervenção de terceiros na apresentação das rogativas ao Pai. Talvez por conta da história religiosa que todos temos, ainda necessitamos de uma figura que faça a intermediação entre a criatura e o seu Criador. Por outro lado, é possível imaginar que algumas pessoas não se sentem portadores de *virtudes* tidas como necessárias para a resposta de suas petições. E, por fim, também é possível que a solicitação a terceiros para que intercedam ao Pai pode significar que acreditamos que algumas pessoas, esforçadas e disciplinadas no bem, tenham maior poder de solicitação junto a Deus.

Esse fenômeno é encontrado em o Novo Testamento, em diversos episódios em que Jesus é instado por parentes ou amigos a curar doentes amados. Um exemplo marcante é o da cura do servo do centurião, narrado por *Lucas* (7:2 a 10):

> E o servo de um certo centurião, a quem este muito estimava, estava doente, e moribundo.
> E, quando ouviu falar de Jesus, enviou-lhe uns anciãos dos judeus, rogando-lhe que viesse curar o seu servo.
> E, chegando eles junto de Jesus, rogaram-lhe muito, dizendo: É digno de que lhe concedas isso,
> Porque ama a nossa nação, e ele mesmo nos edificou a sinagoga.

> E foi Jesus com eles; mas, quando já estava perto da casa, enviou-lhe o centurião uns amigos, dizendo-lhe: Senhor, não te incomodes, porque não sou digno de que entres debaixo do meu telhado.
> E, por isso, nem ainda me julguei digno de ir ter contigo; dize, porém, uma palavra, e o meu criado sarará.
> Porque também eu sou homem sujeito à autoridade, e tenho soldados sob o meu poder, e digo a este: vai, e ele vai, e a outro: vem, e ele vem, e ao meu servo: faze isto, e ele o faz.
> E, ouvindo isso Jesus, maravilhou-se dele e, voltando-se, disse à multidão que o seguia: Digo-vos que nem ainda em Israel tenho achado tanta fé.
> E, voltando para casa os que foram enviados, acharam são o servo enfermo.

Aquele a quem Jesus diz possuir grande fé pede sua intercessão por meio de seus emissários, visto que se achava sem condições de receber Jesus em sua casa... fica clara a função da fé daquele que pede, identifica-se o mérito do pedinte a partir da maneira em que é apresentado pelos anciãos dos judeus e, por fim, a certeza de que Jesus não trabalhava sozinho no socorro às criaturas.

Outro interessante registro de resultado dos pedidos de socorro a terceiros está contido no *Evangelho de João* (4:45 a 54), quando um pai, em Caná, solicita o socorro de Jesus para seu filho que estava morrendo em Cafarnaum:

> Chegando, pois, à Galileia, os galileus o receberam, porque viram todas as coisas que fizera em

Jerusalém, no dia da festa; porque também eles tinham ido à festa.
Segunda vez foi Jesus a Caná da Galileia, onde da água fizera vinho. E havia ali um oficial do rei, cujo filho estava enfermo em Cafarnaum.
Ouvindo este que Jesus vinha da Judeia para a Galileia, foi ter com ele, e rogou-lhe que descesse e curasse o seu filho, porque já estava à morte.
Então, Jesus lhe disse: Se não virdes sinais e milagres, não crereis.
Disse-lhe o oficial: Senhor, desce, antes que meu filho morra.
Disse-lhe Jesus: Vai, o teu filho vive. E o homem creu na palavra que Jesus lhe disse, e partiu.
E, descendo ele logo, saíram-lhe ao encontro os seus servos, e lhe anunciaram, dizendo: O teu filho vive.
Perguntou-lhes, pois, a que hora se achara melhor, e disseram-lhe: Ontem, às sete horas, a febre o deixou.
Entendeu, pois, o pai que era aquela hora a mesma em que Jesus lhe disse: O teu filho vive; e creu ele, e toda a sua casa.
Jesus fez este segundo milagre, quando ia da Judeia para a Galileia.

É patente a ação a distância operada por Jesus, ou por sua ordem, após a solicitação do pai do menino.

Na tentativa de esclarecer essas questões, vamos estudar como o Mundo Espiritual reconhece as solicitações dos encarnados e processa as possíveis respostas às solicitações.

Primeiramente, vamos recordar o que nos escreve Yvonne Pereira (2020, cap. 5 – *O reconhecimento*), em *Memórias de um suicida*, onde indica a existência de um aparelho especial que recebia imagem e som daquele que emitia a oração em favor dos desencarnados:

> Existia em cada dormitório certo aparelhamento delicadíssimo, estruturado em substâncias eletromagnéticas, que, acumulando potencialidade inavaliável de atração, seleção, reprodução e transmissão, estampava em região espelhenta, que lhe era parte integrante, quaisquer imagens e sons que benévola e caridosamente nos fossem dirigidos. Quando um coração generoso, pertencente às nossas famílias ou mesmo para nós desconhecido, arremessasse vibrações fraternas pelas imensidões do Espaço, ao Pai Altíssimo invocando mercês para nossas almas enoitadas pelos dissabores, éramos imediatamente informados por luminosidade repentina, que, traduzindo o balbucio da oração, reproduzia também a imagem da personalidade operante, o que, às vezes, sobremodo nos surpreendia, visto acontecer que pessoas a quem nem sempre distinguíramos com afeição e desvelo se apresentavam frequentemente ao espelho magnético, enquanto outras, que de nossos corações obtiveram as máximas solicitudes, raramente mitigavam as asperezas da nossa íntima situação com as blandícias santificantes da prece! [...]

É ainda Yvonne Pereira que apresenta exemplos cotidianos e efetivos de resposta a oração emitida por encarnados em direção a Espiritualidade Superior. Na obra *A tragédia de Santa Maria* (2019b, 1ª pt., cap. 1 – *Uma jovem espírita*), encontramos a narrativa do venerável Bezerra de Menezes ao receber uma solicitação de auxílio por meio de uma prece.

> Em certo dia do ano de 1951, eu me encontrava absorto das atrações terrenas, atendendo a lides espirituais afetas às minhas responsabilidades de obreiro humílimo da Estância Bendita, em região do Espaço próxima à cidade de São Sebastião do Rio de Janeiro, quando enérgica vibração mental, partida da Terra e emitida por alguém cujas irradiações plenamente se harmonizavam com as minhas, repercutiu em meu sensório espiritual, causando-me surpresa pela intensidade da força positiva com que me buscava. Voltei-me, pressuroso, a indagar quem assim pensava em mim, terna e confiantemente, em oração singela... e um vulto de mulher, doce e triste, apresentou-se à minha visão psíquica assentada para o local de onde provinha o chamamento. Ambiente paupérrimo entrevi então. Mas uma alma coroada de fé e sedenta de progresso e luz celeste destacou-se como seu único e solitário habitante... [...]

Em outra de suas obras, intitulada *Dramas da obsessão* (PEREIRA, 2019a, *A severidade da Lei*, cap. 2),[12] encontraremos duas histórias reais que têm início a partir de duas rogativas. Em *Leonel e os judeus*, o médium de determinada casa espírita de cidade mineira recebe uma carta contendo

[12] Nota do autor: Em obra intitulada *Cartas de Yvonne* (Franco; Said, 2016), a médium informa que os casos aconteceram, o primeiro, no Centro Espírita de Lavras e, o segundo, na cidade fluminense de Barra Mansa.

um pedido de intercessão em favor de família que enfrentava grave quadro de dor e, após isso, tem início rico desenrolar de atendimento espiritual. Na segunda história, Dr. Bezerra de Menezes informa que estava em prece quando uma ordem provinda de superiores camadas hierárquicas, e um doce murmúrio, mavioso como o alento das almas santas em orações augustas ao Deus de Amor e de Bondade, sussurrou à minha mente muito atenta:

> Na rua de S..., nº 3, na cidade de XXX, no Estado do Rio de Janeiro, alguém se debate em desesperações para o momento sacrossanto da maternidade [...]. Clama pela intervenção dos poderes celestes no melindroso momento, em brados de oração fervorosa, um coração singelo e obediente a Deus, sob os auspícios de Antônio de Pádua, servo de Jesus Nazareno, e que junto da enferma se encontra. [...]

Quando chega à residência indicada, encontra Sara, devota de Antônio de Pádua, em oração fervorosa de intercessão à necessitada.

Aqui fica claro que os pensamentos dirigidos na prece em direção a Espíritos Superiores são recebidos por estes e analisados, procedendo-se a resposta de acordo com o binômio necessidade–possibilidades de cada qual.

Outro interessante exemplo que demonstra o processamento das solicitações enviadas pelo canal da oração é apresentado pelo Espírito Manoel Philomeno de Miranda (FRANCO, 1982b), na obra *Nas fronteiras da loucura*, especialmente no capítulo 1 intitulado *Resposta à oração*, onde descreve a existência de um *centro de recepção de rogativas*:

> Outrossim, o nosso *centro de comunicações* registava apelos e notícias de vária ordem, donde emanavam as diretrizes para o atendimento dos casos passíveis de ajuda imediata. Os outros ficavam selecionados para ulteriores providências, quando diminuíssem os fatores desagregantes do equilíbrio geral.
>
> Pessoas sinceramente afervoradas ao bem enviavam pedidos de ajuda, intercediam por familiares a um passo de tombarem nos aliciamentos extravagantes e fatais.
>
> Os *seletores de preces* facultavam ligações com os Núcleos Superiores da Vida, ao mesmo tempo intercambiando forças de auxílio aos orantes contritos, enquanto aparelhagens específicas acolhiam pensamentos e forças psíquicas que se transformavam em agentes energéticos que irradiavam correntes diluentes das condensações deletérias.
>
> Neste comenos, *dedicado auxiliar do benfeitor incansável trouxe-lhe a informação de que fora captada uma solicitação veemente, de urgência, a ele dirigida nominalmente, e que os seletores, pelo tom vibratório com que se fazia emitida, expressavam a necessidade de suas imediatas providências.*
>
> Anotado o endereço da requerente, fomos convidado a acompanhá-lo, a fim de aprender e auxiliar conforme a circunstância. (p. 20 e 21; grifos nossos).

Os exemplos recolhidos no Evangelho e as descrições dos Espíritos sobre a maneira com que se operam a recepção e respostas às nossas preces parecem antever que todos podemos pedir e podemos pedir por todos, visto que a resposta Divina será proporcional às nossas necessidades educativas, aqui representadas pelos nossos méritos pessoais e nossas necessidades educativas na Vida.

Após estes exemplos, podemos recolher algumas reflexões sobre o tema *por quem orar*.

Na página intitulada *Oração de intercessão*, Joanna de Ângelis (FRANCO, 1988a) esclarece o valor de aprender a pedir pelos semelhantes:

> A oração intercessora em favor dos que sofrem, constitui sempre uma contribuição valiosa para aquele a que é dirigida.
> Não resolve o problema, nem retira a aflição, que constituem recurso de reeducação. Todavia, suaviza a aspereza da prova e inspira o calceta, auxiliando-o a atenuar os golpes do próprio infortúnio.
> [...]
> Ninguém que esteja degredado para sempre. Portanto, todos aguardam intercessão, socorro, oportunidade liberativa.
> Ora, pois, quanto possas, pelos que sofrem, pelos que partiram da Terra, igualmente por ti mesmo, repletando-te da paz que deflui do ato de comungar com Deus.

Na mensagem *Orações encomendadas*, a benfeitora Joanna (FRANCO, 1966) escreve sobre outro ângulo da oração chamando nossa atenção para não entregarmos a outrem a tarefa que é individual:

> Não simplifiques os problemas atuantes da existência, rogando aos outros que orem por ti. Seria

> sobrecarregá-los com o pão que te pertence para a hora da alimentação espiritual que adias.
>
> A prece é repasto pessoal.
>
> Cada um ora como pode, sente e vibra.
>
> O Pai, entretanto, responde conforme o valor, a necessidade e a honradez da solicitação.

No exercício de orar pelos semelhantes e de atender a solicitação de prece por outrem, cabe refletir sobre o processo educativo deste binômio pedir–interceder. Afinal, nossa história religiosa está repleta de distorções na relação do homem com Deus. Desde as preces pagas até as carpideiras, que choravam nos velórios a troco de salário, passando pelas indulgências, temos um largo caminho de desvios que não devemos repetir na atualidade. Sobre este tema, a benfeitora Joanna de Ângelis (FRANCO, 1996, cap. 27 – *Orações solicitadas*) adverte:

> Remanescendo do atavismo das *preces pagas*, generaliza-se o hábito das orações encomendadas.
>
> Graças a comodidade de transferir deveres para o próximo e remunerá-lo, no mundo social, muitos religiosos aplicaram o mesmo método para as atividades da fé.
>
> [...]
>
> A transferência das orações por encomenda, para que outros a realizem, conspira em detrimento da responsabilidade e dos deveres que cumpre todos realizar a benefício próprio.
>
> [...]
>
> Não te escuses de interceder pelo teu próximo através da oração. Todavia, não estimules as

> encomendas de preces; por essa medida os demais se sentem desobrigados de fazê-lo.
>
> [...]
>
> Jesus ensinou-nos pelo exemplo como se deve orar e por que se deve fazê-lo.

Em síntese, podemos orar sempre por outrem, desde que isso não retire dele a função pessoal de fazê-lo.

Para concluirmos este tópico, vamos retomar a frase de Tiago que encabeça este item. Primeiro, chama nossa atenção a necessidade indicada pelo apóstolo de que confessemos nossas culpas, demonstrando que as questões da alma produzem dores e doenças. Sem o esforço pessoal, de nada, ou de quase nada, adiantará a intercessão externa (XAVIER, 2021e, Emmanuel, cap. 157 – *O remédio salutar*).

E, por último, vale a orientação do Espírito Emmanuel dirigida àquele que se dispõe a orar pelos semelhantes. Na mensagem *A oração do justo,* o benfeitor informa que a oração do justo tem poder porque:

> [...] a consciência reta, no ajustamento à Lei, já conquistou amizades e intercessões numerosas.
>
> Quem ajunta amigos, amontoa amor. Quem amontoa amor, acumula poder.
>
> Aprende, assim, a agir com justiça e bondade e teus rogos subirão sem entraves, amparados pelos veículos da simpatia e da gratidão, porque o justo, em verdade, onde estiver, é sempre um cooperador de Deus. [XAVIER, 2021c, cap. 150].

4

O PAI-NOSSO

Embora Jesus, atendendo ao apelo do discípulo amado, que lhe pediu um modelo, no-lo deu na Oração Dominical, orar é falar com os céus e silenciar na meditação para receber-lhe a resposta.
(Joanna de Ângelis)

Como considerações preliminares, podemos indicar as diferentes posições em que esta passagem é posicionada na estrutura do Novo Testamento para *Mateus* e para *Lucas*.

	Mateus	Lucas
O que vem antes	Continuação do Sermão do Monte Ostentação (*Mateus*, 6:1) Esmolas (*Mateus*, 6:2 a 4) Oração (*Mateus*, 6:5 a 8)	A Parábola do Bom Samaritano (*Lucas*, 10:25 a 37) Marta e Maria (*Lucas*, 10:38 a 42)
	Oração Dominical	
O que vem depois	Jejum (*Mateus*, 6:16 a 18)	A Parábola do Amigo Inoportuno (*Lucas*, 11:5 a 13)

Esta simples apresentação da sequência de fatos apresentados pelos evangelistas pode suscitar possíveis esclarecimentos – sempre no campo das suposições –, assim como pode suscitar divergências de interpretação que podem tomar o lugar daquilo que é essencial: o espírito da letra da Evangelho. Como exemplo destas diferentes interpretações e as possibilidades de divergências, podemos trazer as reflexões de Rienecker (2005):

> A princípio cumpre notar que em Mateus a "oração do Pai-Nosso" está inserida no Sermão do Monte. Já Lucas a menciona em uma época posterior na vida de Jesus, posicionando-a dentro do relato de viagem. Esse fato leva a dois tipos de suposições. O primeiro evangelista sinótico teria fundido a oração formulada em época posterior com o discurso do Senhor sobre o monte, sem manter a cronologia. Em contraposição, Lucas teria enquadrado essa oração na cronologia correta. A dificuldade dessas questões provavelmente será melhor solucionada pela hipótese da repetição da mesma oração. "Senhor, ensina-nos a orar!" Era o pedido do discípulo. Jesus, portanto, recita mais uma vez a "oração do Pai-Nosso", não porque os discípulos desejassem isso expressamente, mas porque Ele considerava a "oração do Pai-Nosso" como a correta.

Antes de nos deixarmos levar por este tipo de questão, vale lembrar a observação ponderada de Allan Kardec quando explica o que o orientou na seleção dos temas que são tratados em *O evangelho segundo o espiritismo*:

> Podem dividir-se em cinco partes as matérias contidas nos Evangelhos: *os atos comuns da vida do Cristo*; *os milagres*; *as predições*; *as palavras que foram tomadas pela Igreja para fundamento de seus dogmas*; e o *ensino moral*. As quatro primeiras têm sido objeto de controvérsias; a última, porém, conservou-se constantemente inatacável. Diante desse código divino, a própria incredulidade se curva. [...] (KARDEC, 2019a, *Introdução*, I – Objetivo desta obra).

Vamos, pois, considerar as diferenças apontadas por Lucas e Mateus na descrição da *Oração Dominical*, menos duas petições no primeiro, sem intentar levantar questões sobre o motivo pelo qual o faz ou mesmo porque cada um dos evangelistas optou por posicionar a passagem em tempos distintos da pregação do Evangelho por Jesus. É certo que o momento em que escreveram, a língua utilizada e a intencionalidade de cada um dos evangelistas conferem propósitos e limitações a cada uma das quatro narrativas que compõem o Novo Testamento. Na impossibilidade de conhecer com acerto as motivações e propósitos, fiquemos com o aspecto moral, como ensina Kardec, o que não impede de informar sobre estas questões periféricas.

De nossa parte, optamos pela narrativa de Mateus, acompanhada das anotações de Lucas, quando houver, por ser mais longa e, por isso, mais adequada ao aprofundamento de estudo.

Uma segunda consideração importante antes de iniciarmos o estudo das petições contidas no *Pai-Nosso* é a diferença entre a oração individual e a oração coletiva.

Sobre a oração individual temos um bom exemplo no *Evangelho de Mateus* (6:5 e 6):

> Quando orardes, não façais como os hipócritas, que gostam de orar de pé nas sinagogas e nas esquinas das ruas, para serem vistos pelos homens. Em verdade eu vos digo: já receberam sua recompensa.
> Quando orares, entra no teu quarto, fecha a porta e ora ao teu Pai em segredo; e teu Pai, que vê num lugar oculto, recompensar-te-á.

Sobre este tema, o Espírito Estêvão, pela psicografia de Júlio Cezar Grandi Ribeiro (2020, cap. 28 – *Quando orares*), reflete:

> Entretanto, o Mestre esclareceu com bastante ênfase a qualidade da prece com vistas à sua eficácia.
> Recomendou discrição e insulamento, para que, no silêncio do coração, se nos alteie a voz da consciência.
> Lembrou da simplicidade da mensagem, a fim de que nem a afetação do discurso nem a multiplicidade repetitiva das palavras nos distraíssem os dispositivos da firmeza de pensamento.
> Condenou posturas e demonstrações públicas para que a hipocrisia não empanasse a sinceridade das palavras.
> E, mais que isso, ensinou a purificação dos sentimentos, advertindo quanto à necessidade do perdão a nos isentar de rancores perniciosos que nos entravam a elevação da alma.
> Lançando mão da parábola, explicitou, no publicano, a maneira feliz e humilde, sincera e desataviada

> para o diálogo com os Cimos da Vida, através da prece.
>
> E, ao mesmo tempo em que exprobou as demonstrações vaidosas do fariseu invigilante, profligou o orgulho que não nos deixa avaliar as qualidades espirituais e os merecimentos do coração, em face das súplicas de nossas necessidades.

Resgatamos, no mesmo evangelista, a indicação da importância da oração coletiva (*Mateus*, 18:20): "Pois onde se acham dois ou três reunidos em meu nome, aí estou eu no meio deles".

Percebe-se que há orientações para aquele que ora individualmente, em *Mateus*, 6:5 e 6, e a orientação contida no *Pai-Nosso*, onde os verbos estão todos no plural, indicando que a oração ensinada deve ser realizada em grupo, além da lembrança de que Jesus estará entre dois ou mais quando se reunirem em seu nome.

Podemos inferir, pois, que orar é um ato coletivo, além de uma ação íntima.

Allan Kardec trata deste assunto em *O livro dos espíritos*, na Parte Terceira, em seu capítulo segundo intitulado *Lei de Adoração*. Na questão 656 ele pergunta aos Imortais sobre esta situação:

> *À adoração individual será preferível a adoração em comum?*
>
> "Reunidos pela comunhão dos pensamentos e dos sentimentos, mais força têm os homens para atrair a si os bons Espíritos. O mesmo se dá quando se

> reúnem para adorar a Deus. Não creiais, todavia, que menos valiosa seja a adoração particular, pois que cada um pode adorar a Deus pensando n'Ele." [KARDEC, 2019b].

Parece-nos clara a orientação espiritual: a adoração individual tem seu valor, mas a comunhão dos homens em torno dos ideais e da intenção da adoração potencializam esta capacidade de comunhão com Deus. Talvez porque a oração em grupo consiga alinhar, reunir, fazer sinergia entre os dois maiores princípios: o amor a Deus e o amor ao próximo (expresso no exercício da adoração).

Feitas estas considerações, passemos agora à análise das sete petições do *Pai-Nosso*.

4.1 Sobre o *Pai-Nosso*

Pastorino (1964, v. 2, Divisão do "Pai-Nosso") escreve que o *Pai-Nosso* é uma "[...] invocação, seguida de três pedidos espirituais e quatro solicitações a respeito das necessidades do homem na matéria". Na invocação, escreve que:

> Jesus não manda dirigir-nos a Deus como Criador, nem como Rei, nem como Deus, mas como *Pai*, Pai de todas as criaturas. Pai é a mais carinhosa atribuição divina, já usada diariamente na época de Jesus pelos israelitas, como vemos várias vezes repetida na oração *Chêmonê-esrê* [...].

Na mesma direção, Rienecker (1998) escreve:

> A importância singular do Pai-Nosso é que Jesus coloca o nome "Pai" como nome originário mais próprio de Deus para seus discípulos e, por conseguinte, para a sua comunidade. Desde então, para ela o nome "Pai" é o primeiro e mais próprio nome de Deus, e não Iavé (Jeová).
>
> Na oração judaica das 18 petições (também chamada *Oração das 18 bênçãos*), o nome "Iavé" aparece ao todo 27 vezes, o nome "Deus", 13 vezes, e o nome "Pai" somente 2 vezes, ou seja, bem à margem.
>
> Para os discípulos, o nome "Pai" tornou-se, por intermédio de Jesus, a expressão beatificante de tudo aquilo que a obra salvadora de Jesus consumou. O que os profetas do Antigo Testamento expressaram indiretamente,[13] isso se tornou esplêndida consumação em Jesus. No Antigo Testamento Deus é chamado de Pai somente 11 vezes, no Novo Testamento, 155 vezes!

Quando comenta o *Evangelho de Lucas*, Morris (2000) escreve sobre o *Pai-Nosso*:

> Jesus respondeu, dando uma forma de palavras. Suas palavras iniciais: "Quando orardes, dizei", demonstram que sua intenção era que a oração fosse usada exatamente como consta. Em Mateus é introduzida com as palavras: "Portanto, vós orareis assim", que faz dela um modelo sobre o qual podemos basear outras orações. Os cristãos

[13] *Isaías*, 9:6: "Seu nome é Pai da Eternidade"; 63:16: "Tu és nosso Pai e Redentor"; *Jeremias*, 3:4: "Meu Pai, tu és o amigo de minha mocidade"; e 3:19: "Pai me chamarás [...]" etc.

têm achado úteis estas duas abordagens. Jesus começa com o simples trato: Pai, o que corresponde ao aramaico *abba*, o modo de uma criança se dirigir ao seu pai humano. Os judeus, nas suas orações, empregavam a forma *abinu*, "nosso Pai" (achada, por exemplo, na quarta e na sexta das Dezoito Bênçãos), normalmente com o acréscimo de "no Céu" ou algo semelhante. Isto tendia a colocar os homens a uma distância do grande Deus, ao passo que Jesus ensinou seus seguidores a pensarem em Deus como sendo Pai deles (que aprenderam a lição é visto em *Romanos*, 8:15; e *Gálatas*, 4:6).

Sobre essa maneira própria que Jesus inaugura no tratamento de Deus como Pai e como *Pai nosso*, o Espírito Emmanuel (XAVIER, 2021c, cap. 77 – *Pai-Nosso*) escreve com singularidade:

> A grandeza da prece dominical nunca será devidamente compreendida por nós que lhe recebemos as lições divinas.
> Cada palavra, dentro dela, tem a fulguração de sublime luz.
> De início, o Mestre Divino lança-lhe os fundamentos em Deus, ensinando que o Supremo Doador da Vida deve constituir, para nós todos, o princípio e a finalidade de nossas tarefas.
> É necessário começar e continuar em Deus, associando nossos impulsos ao Plano Divino, a fim de que nosso trabalho não se perca no movimento ruinoso ou inútil.

O Espírito Universal do Pai há de presidir-nos o mais humilde esforço, na ação de pensar e falar, ensinar e fazer.

Em seguida, com um simples pronome possessivo, o Mestre exalta a comunidade.

Depois de Deus, a Humanidade será o tema fundamental de nossas vidas.

Compreenderemos as necessidades e as aflições, os males e as lutas de todos os que nos cercam ou estaremos segregados no egoísmo primitivista.

Todos os triunfos e fracassos que iluminam e obscurecem a Terra pertencem-nos, de algum modo.

Os soluços de um hemisfério repercutem no outro.

A dor do vizinho é uma advertência para a nossa casa.

O erro de um irmão, examinado nos fundamentos, é igualmente nosso, porque somos componentes imperfeitos de uma sociedade menos perfeita, gerando causas perigosas e, por isso, tragédias e falhas dos outros afetam-nos por dentro.

Quando entendemos semelhante realidade o "império do eu" passa a incorporar-se por célula bendita à vida santificante.

Sem amor a Deus e à Humanidade, não estamos suficientemente seguros na oração.

"Pai nosso..." — disse Jesus para começar.

Pai do Universo... Nosso mundo...

Sem nos associarmos aos propósitos do Pai, na pequenina tarefa que nos foi permitido executar, nossa prece será, muitas vezes, simples repetição do "eu quero", invariavelmente cheio de desejos, mas quase sempre vazio de sensatez e de amor.

4.2 1ª Petição: "Santificado seja o teu nome" (*Mateus* e *Lucas*)

4.2.1 Objetivo do item

Apresentar Deus como algo que está fora de nós e acima de nós no sentido mais SAGRADO... não distante. Diferenciar o Deus apresentado por Moisés (Justiça pura e parcial) do Deus apresentado por Jesus (Justiça amorosa e imparcial).

4.2.2 Análise da passagem

Ao tratar desta petição, Pastorino (1964, v. 2, Divisão do "Pai-Nosso", 1ª Petição) escreve que:

> [...] O "nome" é usado como expressão da essência, como a manifestação *externa* da substância última. Refere-se, pois, o pedido ao mundo e mais particularmente às criaturas que, sendo manifestação divina, em nosso globo, expressam Seu nome. A petição, portanto, revela o voto de que todas as criaturas se santifiquem (se tornem sadias moral e fisicamente), para que o nome de nosso Pai seja santificado em nós [...].

Dos apontamentos de Rienecker (1998), podemos extrair:

> "Pai, santifica teu Nome, *i.e.*, faz valer o teu Nome entre nós e também em mim, completamente, diariamente, a cada hora. Pai, traz até nós o Teu

> Reinado, *i.e.*, ajuda-me para que governes entre nós e também em mim continuamente como Rei e Senhor"!

Morris (2000) chama a atenção para o fato de que esse tratamento, apesar de aproximar, não deve, na sua análise, reduzir Deus:

> Santificado quer dizer "tornado santo", "reverenciado". O nome na Antiguidade significava muito mais do que significa para nós. Resumia a totalidade do caráter de uma pessoa, tudo quanto era conhecido ou revelado acerca dela. A oração tem a ver com mais do que a maneira de as pessoas tomarem o nome de Deus nos seus lábios (embora isto seja incluído). Refere-se a tudo quanto Deus é, e tudo quanto revelou acerca de Si mesmo, e ora, pedindo uma atitude apropriada diante disto. Não é provável que a oração deva ser entendida no sentido de que Deus devesse santificar Seu Nome (cf. *Ezequiel*, 36:23). Pelo contrário, são os homens que deveriam demonstrar reverência para com Deus. É uma oração de que "Deus seja Deus, de modo que os homens não reduzissem Deus para um tamanho e formato de fácil manejo" (Melinsky).

4.2.3 Discussões possíveis em torno do tema

Allan Kardec inicia a obra que apresenta o Espiritismo, *O livro dos espíritos*, com a pergunta: *Que é Deus?* [KARDEC, 2019b, q. 1].

O tema que inicia o livro síntese da Doutrina Espírita trata de um assunto que poderia estar restrito ao universo eminentemente religioso, que seria mais amplamente tratado em *O evangelho segundo o espiritismo*. Ocorre que a ideia de Deus não estava, à época do lançamento de *O livro dos espíritos*, restrita aos espaços religiosos, visto que era tratado largamente por aqueles que se dedicavam à Ciência. Como o objetivo aqui é ampliar a ideia de Deus além das fronteiras religiosas, traremos apenas a citação de Kneller (1980) sobre o tema:

> A maioria dos membros da *Royal Society* (de Londres) eram profundamente religiosos e acreditavam que a Ciência, como a Teologia, era um modo de provar a existência e a Generosidade de Deus. Newton, por exemplo, procurou mostrar que Deus estava "ativo" no mundo. Sustentou que o Universo e seus corpos constituintes consistiam principalmente em espaços vazios através dos quais a gravidade e outras forças atuam instantaneamente. Afirmou que, na ausência de um veículo material para transportá-las, os efeitos dessas forças tinham que ser transmitidos por intermédio do próprio Deus [...].
> Hoje, a Teoria da Evolução é aceita pela grande maioria dos cientistas religiosos e a Religião e a Ciência são consideradas, em geral, interpretações complementares e não conflitantes da Natureza. A Ciência, nesse ponto de vista, investiga o mundo físico, enquanto que a Religião imprime um significado à vida do homem. Na verdade, quando leio História, observo que o pensamento científico tem sistematicamente muito em comum com a Teologia. As maiores

> teorias da Ciência foram cosmológicas – isto é, interessadas na natureza última do Universo como um todo – e alguns dos maiores cientistas em tempos recentes (como testemunharam Faraday, Maxwell, Planck e Einstein) foram homens religiosos, na mais ampla acepção desta palavra.

Logo, ao escolher este tema para iniciar a apresentação das ideias espíritas, Kardec estava, novamente, dando mostra de conhecer o tempo e o interesse de seus leitores.

A apresentação de Deus nas obras da Codificação difere da ideia clássica de um deus parcial, colérico e que possui todas as idiossincrasias transferidas dos homens para ele. A Doutrina Espírita apresenta-se como uma Doutrina criacionista, que acredita em um Deus, que defende a Causalidade Divina da Vida e tudo o mais. Mas, quando agrega a este ponto crucial de sua organização doutrinária a ideia de Deus Justo e Bom, reproduz a imagem apresentada por Jesus, distanciando-se da visão apresentada pelos textos do Antigo Testamento. Nosso Deus não é mais aquele apresentado pelos antigos profetas, mas, sim, aquele que Jesus nos trouxe – o Deus Pai – e João, o Evangelista, registra – Deus é Amor.

Sendo assim, não há surpresa quando Jesus o trata como Pai e inicia a *Oração Dominical* fazendo reverência ao Seu nome, à Sua identificação, à Sua existência, à Sua relação conosco.

O Espírito Joanna de Ângelis (FRANCO, 2018a) possui várias páginas – e até obras – tratando de forma mais ou menos direta o tema Deus. De nossa parte, e para o que se destina este estudo, gostaríamos de lembrar a Conclusão do capítulo 1 – *Deus*, da obra *Estudos espíritas*:

> *CONCLUSÃO*
>
> "Deus é Amor", afirmava João.
> "Meu Pai", dizia reiteradamente Jesus, conceituando-o da forma mais vigorosa e perfeita que se pode imaginar.
> E Allan Kardec, mergulhando as nobres inquirições filosóficas nas fontes sublimes da Espiritualidade Superior, recolheu através dos Imortais que "Deus é a inteligência suprema, causa primária de todas as coisas", em admirável síntese, das mais felizes, completando a argumentação com a asserção de que o homem deve estudar "as próprias imperfeições, a fim de libertar-se delas, o que será mais útil do que pretender penetrar no que é impenetrável", concordante o ensino do Cristo, em João: "Deus é Espírito, e importa que os que o adoram, o adorem em espírito e verdade".

4.3 2ª Petição: "Venha o teu reino" (*Mateus* e *Lucas*)

4.3.1 Objetivo do item

A ideia de Reino de Deus aqui deve ser a de vida futura sobre a qual falou Jesus. Passamos pela vida física. Venha o Reino é venha a paz que iremos experimentar quando estivermos integrados à Vida.

4.3.2 Análise da passagem

Segundo Pastorino (1964, v. 2, Divisão do "Pai-Nosso", 2ª Petição), esta petição:

> [...] Exprime o desejo ardente de que o mundo se coloque sob o reinado do Pai [...]. Que as criaturas se submetam ao Pai, que sabe governar Sua Casa com justiça, misericórdia e amor [...].

Na análise de Morris (2000):

> Venha o teu Reino procura a introdução do Reino que era o assunto constante do ensino de Jesus. Há um sentido em que é realizado aqui e agora nos corações e vidas dos homens que se sujeitam a Deus e aceitam Seu caminho para eles. Num outro sentido, porém, ele não virá até que a Vontade de Deus seja perfeitamente realizada em todo o mundo (cf. o acréscimo em *Mateus*: "faça-se a tua vontade, assim na Terra como no Céu"). É por isto que oramos.

4.3.3 Discussões possíveis em torno do tema

> Pilatos, tendo entrado de novo no palácio e feito vir Jesus à sua presença, perguntou-lhe: "És o rei dos judeus"? – Respondeu-lhe Jesus: "Meu reino não é deste mundo. Se o meu reino fosse deste mundo, a minha gente houvera combatido para impedir que eu caísse nas mãos dos judeus; mas, o meu reino ainda não é aqui". Disse-lhe então Pilatos: "És,

> pois, rei"? – Jesus lhe respondeu: "Tu o dizes; sou rei; não nasci e não vim a este mundo senão para dar testemunho da verdade. Aquele que pertence à verdade escuta a minha voz" (*João*, 18:33, 36 e 37).

Com esta passagem retirada do *Evangelho de João*, Allan Kardec inicia o capítulo 2 de *O evangelho segundo o espiritismo* [KARDEC, 2019a], intitulado *Meu Reino não é deste mundo* e a temática que será enfatizada nos textos que se seguem identificam a vida futura como ideia chave desta passagem.

Ao estudarmos a passagem evangélica, salta-nos aos olhos a expressão de que Jesus se utiliza para responder a Pilatos quando este lhe pergunta: "És o rei dos judeus?". Reposta: "Meu reino não é deste mundo". A resposta de Jesus permite de imediato duas conclusões. A primeira é que Ele não nega ser o Rei dos judeus. Ele apenas diz que este não é seu Reino. Este não é o lugar onde é "Rei". No lugar onde Ele é o Rei, tudo seria diferente... mas, neste Reino, Ele não se declara Rei.

A segunda expressão é objetiva: "Meu reino não é deste mundo..." é de outro mundo. Ele está situado em outra esfera para onde Ele se dirigirá para cumprir a promessa que fez: "E quando eu for, e vos preparar lugar" (*João*, 14:3). Vou preparar-vos o lugar no Reino que virá, que não é deste mundo, onde seus moradores pertencem à verdade e ouvem a sua voz.

A mensagem de Jesus encontra coerência quando é interpretada com a visão da vida futura. Imaginar que a Mensagem de Jesus se aplica a uma existência é restringi-la às nossas próprias limitações e interesses. O Reino de Jesus está por vir e, para acessá-lo, deve-se cumprir os seus mandamentos e ensinamentos. Este é o Reino de Deus!

O *venha a nós o vosso reino* convida-nos a preparar o coração para antecipar este estado d'alma em que o homem encontra Deus nos diálogos sem palavras do coração que ora. Quando a benfeitora Joanna de Ângelis (FRANCO, 2000, cap. 2 – *O Reino*) escreve sobre este tema em *Jesus e o evangelho – à luz da psicologia profunda*, ela deixa claro onde está e qual o significado emocional deste Reino:

> Mas que o seu Reino não era deste mundo transitório, relativo, material, é, por definitivo, uma grande verdade. Ele viera para que os homens conhecessem a realidade, estes que de origem pastoril e nômade, não tinham, ao tempo de Moisés, condição para entendê-la, necessitando antes do rigor de leis severas, a fim de comportar-se com equilíbrio após sucessivos períodos de escravidão, nos quais amolentaram o caráter, a conduta, a existência sem ideal de crescimento e dignificação.
>
> Na visão da Psicologia Profunda, embora Ele se referisse às Esferas de onde procedia, o seu *Reino* também eram as paisagens e regiões do sentimento, onde se pudessem estabelecer as bases da fraternidade, e o amor unisse todos os indivíduos como irmãos, conquista primordial para a travessia, pela ponte metafísica, do mundo terrestre para aquele que é de Deus e nos aguarda a todos. (p. 23 e 24).

Parece-nos clara a ideia de transição, de mudança, de decisão para a transformação interior... Este Reino começa a ser buscado quando iniciamos o grande combate à *sombra coletiva e histórica* que nos fez viver e acreditar que para alcançarmos aquele Reino prometido devíamos renunciar ao mundo real e concreto no qual estamos inseridos para o exercício da vida física. A busca do Reino e o pedido para o "Venha a nós o Vosso Reino" do *Pai-Nosso* não indica a negação da vida ou mesmo o martírio do corpo na expectativa de ganhar o Espírito.

Estamos no corpo e na vida física. Este é o espaço que a Misericórdia Divina nos ofereceu como oportunidade de semear e colher, até que despertemos para a necessária busca do Reino de Deus.

Nesta grande viagem, já negamos peremptoriamente a figura e a Mensagem de Jesus. Depois, passado o tempo, passamos a vislumbrar a Jesus e seu Evangelho e chegamos a recitar suas propostas de mudança. Ocorre que neste período estávamos ainda escravos do *mas*, como bem exemplifica o jovem rico que queria segui-lo, *mas* tinha outros importantes compromissos dos quais precisava desvencilhar-se antes. O moço dedicado percebeu a Grandeza de Jesus, *mas* precisava sepultar o pai morto, e ficou escamoteando o motivo real que era o recebimento da herança. Ao dar esse exemplo, e outros mais, a benfeitora Joanna de Ângelis assim sintetiza este estágio do homem: "O *mas*, em relação a Jesus, é o predomínio da *sombra* que paira nessa demorada infância psicológica dos indivíduos como pessoas e das massas como agrupamentos" (FRANCO, 2000, cap. 2 – *O Reino*).

A partir disso, não é surpresa que os que estamos no estágio posterior aos seguidores do *mas*, apesar de sinceros esforços, tenhamos ainda dificuldade de fazermos, no campo do sentimento, o *Reino de Deus* em nós. Estamos em processo, estamos em aprendizado, estamos em substituição das *sombras* por suas virtudes em gérmen.

E sobre esta grande dificuldade que temos nos meios religiosos de sermos na prática cotidiana fiéis aos ideais que abraçamos, escreve-nos definitivamente a benfeitora Joanna de Ângelis (FRANCO, 2001, cap. 11 – *A construção do Reino de Deus*), dando-nos o caminho do aprendizado e enumerando as emoções que sabotam nossos melhores esforços:

> O certo é que não escasseiam homens e mulheres realmente credenciados para a obra do bem. Todavia, no momento, estão mais interessados no ego que os governa, distanciando-se de quaisquer empreendimentos não lucrativos do ponto de vista financeiro. Nunca têm tempo para a caridade, que consideram ultrapassada e a herança religiosa que deve ser deixada à margem.
>
> Desconhecem, sim, o significado do sofrimento, que ainda não experimentaram, da necessidade, que não lhes bateu à porta, da solidão, que ainda não os visitou...
>
> Despertarão um dia, sem dúvida, quando as circunstâncias não forem tão favoráveis e entenderão o precioso dom da fraternidade, a bênção da compaixão, a dádiva da tolerância e a misericórdia da beneficência, todas filhas diretas da caridade que ora menosprezam.

Não te preocupes com eles, que estão muito ocupados com os seus próprios interesses, não desejam ser perturbados, e têm esse direito.

Igualmente, não censures os teus companheiros de luta ainda mergulhados nas *sombras* transatas que não conseguiram clarear e dificulta-lhes, por enquanto, a visão real e soberana da realidade. Eles encontram-se no campo de lutas, e isso, sim, é o importante. Estão desbravando o solo sofrido e preparando-o para os nobres missionários de *amanhã*. No momento, fazem o melhor ao alcance e são felizes por se encontrarem desincumbindo-se, na medida do possível, do compromisso que abraçam. Ajuda-os sem exigência e desculpa-lhes a insensatez. Silencia as suas invectivas e rudezas, auxiliando-os com a gentileza e a cortesia que te estejam ao alcance.

Esses lidadores merecem respeito e cooperação, porque, por outro lado, afadigam-se para realizarem o melhor, mesmo que o não consigam.

Valem os seus esforços e os alicerces que coloquem no solo facilitarão o surgimento do edifício da paz e do amor.

Vai, tu, e aprende com eles e com seus próprios erros. Errar é permitido, porque faz parte do processo de aprendizagem, mas manter-se no erro ou manter-se escravo da culpa gerada pelo remorso do erro não é construtivo, não nos atende mais.

Decide a própria vida de tal forma que, quando ores, possas dizer sem vacilações: “Venha a mim o seu Reino, porque me encontrará no esforço cotidiano de instalação do Reino de Jesus em meu coração!"

4.4 3ª Petição: "Seja feita a tua vontade, assim na terra como no céu" (somente em *Mateus*)

4.4.1 Objetivo do item

Enfatizar que os acontecimentos da Vida estão integrados à Misericórdia de Deus, que nos oferece oportunidades de aprender e crescer. Há coisas que não dependem de nós, mas há outras que são frutos de nossas escolhas e não da *Vontade de Deus*.

4.4.2 Análise da passagem

Ao estudar este tema, Pastorino (1964, v. 2, Divisão do "Pai-Nosso", 3ª Petição) assim se posiciona:

> [...] Esta petição falta em Lucas. Manifesta a aspiração firme de que saibamos nos conformar à Vontade do Pai, obedecendo-lhe as ordens (que são as circunstâncias que surgem sem nossa interferência na vida) com amor, ao invés de pretender fazer nossa vontade pequena, caprichosa e, sobretudo, ignorante de nossa verdadeira vantagem no que nos concerne.

Quando buscamos em Rienecker (1998) a sua opinião encontramos este trecho:

> Pai, faz acontecer a Tua Vontade, do mesmo modo como no Céu também na Terra, *i.e.*, a Vontade do Pai precisa acontecer no meu cotidiano incessantemente, não a minha própria vontade. "Não como eu quero, mas como Tu queres", esta é a petição diária do filho ao Pai Celeste.
>
> Rebrilham três diamantes reluzentes: a santificação do Nome Divino, a realização do Reinado de Deus e o cumprimento irrestrito da Vontade de Deus em mim e na comunidade do Senhor na vida cotidiana. É isso o que o discípulo de Jesus deve rogar com todo fervor.
>
> A glorificação de Deus na vida do discípulo deve ser refletida por meio desses três diamantes.
>
> Colocados à frente os Interesses de Deus, seguem-se agora as questões dos próprios discípulos, que se referem à preservação de sua vida na Terra!

Tanto Pastorino quanto Rienecker concordam que há acontecimentos em nossa vida que estão fora de nosso controle ou de nossa vontade. Apontam para a Causalidade Divina.

Esta maneira de ver os acontecimentos – felizes ou nem tanto – que surgem em nossas vidas ou na vida de outros próximos a nós precisa ser refletida para que não caiamos em extremos de entregar todos os acontecimentos de nossa vida à Causalidade Divina. Isso seria, certamente, determinismo absoluto, o que nos tiraria a capacidade de viver, de decidir, de aprender com o erro e de nos regozijarmos com os acertos.

4.4.3 Discussões possíveis em torno do tema

Allan Kardec, em *O livro dos espíritos*, no capítulo 1, da Parte Terceira, que trata *Da Lei Divina ou Natural*, na questão 614, interroga os imortais sobre o que seja a Lei Natural e recebe a seguinte resposta: "A Lei Natural é a Lei de Deus. É a única verdadeira para a felicidade do homem. Indica-lhe o que deve fazer ou deixar de fazer, e ele só é infeliz quando dela se afasta". [KARDEC, 2019b].

Da resposta dada pelos Espíritos a Kardec percebemos que a Lei Natural pode ser encarada como a bússola para a felicidade do homem. Criado simples e ignorante, em algum momento passado, o homem é colocado no leito da experiência física para aprender e evoluir rumo à perfeição. Ele é guiado pelo estado de harmonia que lhe diz se está (ou não) no reto caminho da obediência da Lei Natural. Quando ocorre desvio, torna-se "infeliz" e a consciência solicita a oportunidade de reequilibrar-se com a Lei Natural.

Esses procedimentos que buscam a direção correta a fim de encontrar harmonia interior, fazendo o que deve fazer, tem como grande aliada a consciência, onde, de acordo com a resposta dos Espíritos a Kardec, na questão 621 de *O livro dos espíritos*, está escrita a Lei de Deus.

Estamos todos na vida física porque este foi o caminho que nos foi oferecido para o processo de burilamento e aprendizado. Todo o mais decorre da permissão de Deus para que aprendamos no exercício permanente de acerto e erro, de semeadura e colheita, de causa e efeito, de decisões e consequências.

Escreve o Espírito Emmanuel (XAVIER, 2021b, cap. 26 – *Em nossas mãos*):

> Convence-te de que as Leis da Divina Sabedoria não se enganariam.
> Situando-te na Terra, por tempo determinado, com vistas ao próprio burilamento que te cabe realizar, trazes contigo as faculdades que o Senhor te concedeu por instrumentos de trabalho.
> Encontras-te no lugar certo em que te habilitas a desempenhar os próprios encargos.

Estamos na Vida por Decisão de Deus e possuímos a ferramenta que nos oferece a direção: a consciência. Logo, esperar que tudo aconteça por Vontade de Deus é negar-lhe o processo de educação que nos foi oferecido e assumir algo como "transferir as responsabilidades a terceiros".

É certo que este processo de escolha se dá com a capacidade de discernimento de cada um. As responsabilidades sobre os atos são diretamente proporcionais ao conhecimento de cada qual. Nisto se apoia a ideia de livre-arbítrio e de responsabilização.

Sobre este tema – o livre-arbítrio e a Vontade de Deus – assim se manifesta a benfeitora Joanna de Ângelis (FRANCO, 2010b, cap. 12 – *O livre-arbítrio*) em *Vitória sobre a depressão*:

> Desde o momento quando o Espírito, no processo evolutivo, conseguiu alcançar a capacidade de pensar, a fim de agir de maneira consciente, o

> livre-arbítrio liberou-o dos automatismos naturais a que se encontrava submetido, sem o discernimento para as atividades pertinentes ao seu crescimento intelecto-moral.
>
> Essa admirável conquista dentro do determinismo superior ensejou-lhe, a partir daquele instante, a capacidade de experimentar a vivência das emoções enobrecidas, embora ainda exista o predomínio dos instintos que são inerentes à sua condição de humanidade.
>
> [...]
>
> Compreendendo que o bem é tudo aquilo que está concorde *com as Leis de Deus*, que proporciona alegria de viver, tranquilidade emocional e bem-estar, pode superar a inclinação para o mal, esse atavismo que o vem arrastando pelo sorvedouro das reencarnações repetitivas, sem conquistas relevantes.
>
> Orientado pela consciência do que deve fazer, sempre que lhe seja facultado realizá-lo, pode operar com segurança os mecanismos internos de que se encontra possuído, avançando na conquista de novos e mais elevados patamares morais. (p. 69).

Na sequência do texto em que nos apresenta esta reflexão, a benfeitora expõe a importância da oração:

> Um valioso recurso encontra-se à disposição de toda criatura sincera, no momento em que se aturde com os fatos desastrosos, com as surpresas desagradáveis, com os impositivos penosos da existência, que é a oração, capaz de propiciar

> ligação psíquica com as Forças Vivas do Universo, com a Divindade, que providencia socorros imediatos, enviando respostas seguras e as forças necessárias para o êxito do enfrentamento.
>
> Quando alguém ora, *abrem-se-lhe* os campos psíquicos, que se tornam dúcteis aos registros das respostas celestes.
>
> Conhecessem, as criaturas humanas, a excelência dos resultados da oração, e sempre que lhes fosse possível, buscariam o concurso da vinculação com as Esferas Superiores, haurindo, nesse intercâmbio, energias saudáveis para as vitórias existenciais. (p. 72).

Cabe-nos, na reflexão acerca da petição do *Pai-Nosso*, buscarmos como o "seja feita a Tua Vontade, assim na Terra como no Céu" deve ser buscado.

Não será pelo determinismo, nem pela *parcialidade* de Deus, nem por caprichos da personalidade.

Seja a feita a Vontade de Deus é o aceite de que estamos conectados com a Vida, tal qual os *lírios do campo* e as *aves do céu* que Deus cuida desde sempre. Não é submissão absoluta, mas entendimento de nosso valor e posição na vida, bem como que a Vida é um processo de aprendizagem contínua lastreado na Lei de Amor, no Amor de Deus.

4.5 4ª Petição: "O pão nosso de cada dia nos dá hoje" (em *Mateus*) e "Dá-nos cada dia o nosso pão cotidiano" (em *Lucas*)

4.5.1 Objetivo do item

Dê-nos o necessário para o sustento da vida física e não nos deixe perder o foco da Vida Espiritual.

4.5.2 Análise da passagem

Ao estudar esta passagem de o *Novo Testamento*, Pastorino (1964, v. 2, Divisão do "Pai-Nosso", 4ª Petição) é enfático na contextualização e na busca pelo significado mais claro da frase. Escreve que: "[...] Esse vocábulo foi traduzido pela Vulgata como 'cotidiano' [...]. Na interpretação de Orígenes significava o 'pão para a subsistência' [...]".

Rienecker (1998), por sua vez, inicia o estudo desta passagem chamando a atenção para o fato de, novamente, Jesus utilizar o "nosso", dando mostra de que a oração envolve o coletivo, e Deus responde para o conjunto dos homens, mesmo sendo a conexão entre a criatura e seu Criador uma conexão eminentemente pessoal. Após isso, ele esclarecerá:

> Na história da pesquisa sobre a versão do texto original surgiu uma questão difícil: deve ser traduzido: "Pai, dá-nos o pão destinado e suficiente para o dia vindouro", ou "dá-nos o pão destinado e suficiente para este dia"? *A decisão caiu em favor*

da tradução" dá-nos hoje o pão para o dia vindouro", ou seja, o pão necessário para a existência, o pão diário (cf. *I Timóteo,* 6:8).

O teólogo Zahn fez uma referência ao diarista, que é valiosa para a compreensão da quarta petição. O diarista pertence ao grupo de pessoas que precisam comprar cada dia o pão do padeiro, ou seja, que não pode, como os abastados, assar pão para a semana inteira. Se nos colocarmos na situação dele e o imaginarmos como aquele que sustenta a família, que precisa viver da mão para a boca, então realmente não será falta de fé quando ele pedir: *Dá que eu hoje possa ganhar tanto que eu e os meus amanhã tenhamos o suficiente para comer.*

Neste contexto seja mencionada ainda a referência "Tua palavra é lâmpada para meus pés" [...]. Isso quer dizer que somente precisa ser iluminado o local em que pisar o meu pé. *Tanto a* "palavra" *quanto o* "pão" *nos serão presenteados somente passo a passo, dia a dia.*

Acrescenta-se a isso o pensamento seguinte: Em seu teor, o Pai-Nosso não é de nenhum modo superespiritual, entusiasta, sobrenatural no sentido de que o pão não caberia numa oração. *Ao contrário, seu sentido é bem natural, respectivo às preocupações pelas necessidades diárias e corporais.*

Ainda mais: a singela palavra "pão" previne de todo luxo, toda ânsia de consumo, e exorta para a simplicidade e o controle dos desejos. E ainda: na explicação da quarta petição, *Lutero considera como incluídas no pão todas as necessidades terrenas, tais como: bom tempo, bom governo, vizinhos fiéis etc.*

> Em seguida, a oração do Pai-Nosso progride do material para o espiritual. "Dá o pão – perdoa a dívida. "Esse duplo pedido constitui todo o anseio do ser humano. Pois a pessoa é corpo e alma. (Grifos nossos).

Tasker (2005) traz interessantes informações sobre as dificuldades de tradução dos termos contidos na passagem:

> *De cada dia* traduz a palavra *epiousion*, que se acha somente aqui e na passagem paralela de *Lucas*. Por derivação, pareceria significar "pão para o futuro imediato". Jerônimo, tratando da palavra como se fosse *epousion*, traduziu-a neste versículo, embora não em *Lucas*, 11:3, por *supersubstantialem*, frequentemente entendida pelos católicos romanos como referência direta à eucaristia.

Rienecker (2005) também abordará detalhes sobre a tradução:

> A prece do pão, que no texto original de *Lucas* é a terceira prece, refere-se às necessidades humanas demandadas em primeiro lugar pela vida temporal. A explicação dessa prece possui uma dificuldade por causa da expressão *epiousios.*[14]

[14] Nota do autor: Nota no texto original – no NT o termo *epiousios* ocorre somente na "oraçao do Pai-Nosso" em *Mateus*, 6:11 e *Lucas*, 11:3. A palavra *epiousios* parece ser estranha ao grego profano, bem como ao bíblico. "Parece", diz Orígenes, "ter sido criada pelos evangelistas." Provavelmente deriva do termo *ousia*, que significa a essência, a exis tência. O termo *ousia* contrapõe-se a *periousios*, que significa "supérfluo". O sentido da quarta prece, portanto, é: "Dá-nos cada dia o pão necessário para a vida". Nessa acepção o termo corresponde com muita precisão às palavras de *Provérbios*, 30:8: "O pão de minha porção definida", onde a expressão "definida" representa uma contraposição tácita ao supérfluo.

> No conhecido *Dicionário teológico do NT*, de Kittel, o autor Foerster, após oito páginas de exaustivas exposições científicas sobre o surgimento e significado do termo *epiousios*, com muitas fontes e referências bibliográficas (vol. II, p. 595), sugere a seguinte tradução: "O pão de que precisamos dá-nos hoje (dia após dia)".
>
> Jesus, que vivia com seus apóstolos das dádivas diárias de seu Pai, sabia por experiência própria o quanto os discípulos necessitavam e necessitariam de uma prece assim.

Ainda teremos alguns esclarecimentos acerca da tradução apresentada por Morris (2000):

> A petição seguinte diz respeito ao pão, *i.e.*, o suprimento das nossas necessidades diárias. O presente contínuo, "continua dando," e o de dia em dia tornam claro que devemos confiar em Deus constantemente, e não pedir suprimentos por um período longo e então esquecer-nos d'Ele. Os cristãos vivem num estado de contínua dependência de Deus. Mas o sentido exato de *epiousios*, cotidiano, não fica claro. É uma palavra muito rara, e a maioria das discussões está centralizada nas derivações possíveis, visto que praticamente não há nenhum uso da palavra ao qual poderíamos apelar [...]. Os significados mais favorecidos são cotidiano; "para o amanhã", e "a comida de que precisamos" (*i.e.*, "o pão para existência;" cf. *Provérbios*. 30:8). A primeira tradução mencionada é apropriada para o termo e se harmoniza melhor com o teor da oração.

Em Lourenço (2017b) temos importante abordagem sobre as diferenças que precisamos considerar quando estudamos os Evangelhos. Este autor é conhecido tradutor da língua grega para o português, tendo vertido inclusive os Evangelhos em grego (*Septuaginta*) para o português. Ele realça que "ler em tradução os Evangelhos é como ver em preto e branco um filme que foi rodado a cores" (p. 136). Isso se dá, esclarece, não pela pobreza da língua portuguesa, mas, sim, pela "excessiva riqueza da língua grega". Faz este comentário antes de tratar das diferenças dos textos de *Mateus* e *Lucas* na primeira frase que se inicia com o Pão Nosso, quando vai indicar as diferentes formas verbais em grego empregadas pelos evangelistas: imperativo de ação imediata (por exemplo: "Dá-me pão", significando que quero pão à mesa agora) e imperativo de ação continuada ("Dá-me pão", significando que conto com a pessoa para ser o provedor de pão sempre que for necessário). O mesmo autor informa que:

> Essa questão é fundamental para percebermos o ato básico do Cristianismo, que é rezar a única oração literalmente definida por Cristo: o Pai-Nosso. Contudo, a definição das palavras do Pai-Nosso não é segura e à prova de balas, porque os dois evangelistas que reproduzem a oração (*Mateus* e *Lucas*) reproduzem-na com sensíveis diferenças. Basta dizer que a oração em *Lucas* começa "Pai nosso, que está nos céus, santificado seja o teu nome"... que é um imperativo de ação imediata... Na versão que *Mateus* nos dá do Pai-Nosso, todos os imperativos são imperativos de ação imediata: a frase "o pão nosso de amanhã dá-nos hoje" implica que estamos a pedir a Deus para termos o pão na mesa, já,

> imediatamente; e que estamos a pedi-lo para hoje. Em *Lucas*, o sentido é diferente. A frase dele é "vai-nos dando dia a dia o nosso pão de amanhã". Pois a forma de imperativo por que *Lucas* opta (e *Lucas* é o melhor conhecedor de grego dos quatro evangelistas) é o imperativo de ação continuada. O que se pede a Deus é a dádiva contínua, quotidiana, do pão de amanhã (p. 137).

Nos apontamentos de sua tradução do *Evangelho de Mateus*, repetindo Morris (2000), indica o que chama de famoso problema de interpretação em *Mateus*, 6:11 por conta do uso do adjetivo "de amanhã" (*epiousios*), raríssimo em grego. Aqui, segundo ele, quer expressar um tempo presente ou imperativo de ação continuada. No texto de *Lucas* (11:4) "é pedido cada dia, mediante um imperativo de ação continuada" (2017a, p. 79).

4.5.3 Discussões possíveis em torno do tema

Conforme informa o Espírito Amélia Rodrigues (FRANCO, 1981, cap. 5 – *Ensina-nos a orar*), o *Pai-Nosso* compõe-se de uma invocação (Pai nosso que estás no Céu); "três desejos do ser na direção da Vida, após a referência sublime ao Doador de Bênçãos" (Santificado seja o Teu Nome, venha a nós o Teu Reino e seja feita a Tua Vontade) e, por fim, "três rogativas, em que o homem compreende a própria pequenez e levanta-se, súplice, confiante, porém, em que lhe não será negado nada daquilo que necessita" (O pão nosso de cada dia dá-nos hoje; Perdoa-nos as nossas dívidas, assim como nós perdoamos aos nossos devedores e não nos deixes cair em tentação...).

Logo, a 4ª petição inicia o bloco do que chamou de "três rogativas ao Pai", que são formuladas, logicamente a partir da maneira como cada qual vê a própria vida e de acordo com o sentido e o significado que emprestamos à existência atual.

É oportuno resgatar o que Allan Kardec expõe em *O livro dos espíritos* [2019b] sobre o uso dos bens terrenos, a fim de melhor entendermos a distância entre o que pedimos e o que a Vida nos oferece em resposta.

Inicialmente, recolhemos na resposta à questão 711 – sobre o uso de bens terrenos ser um direito do homem – a seguinte expressão: "Esse direito é consequente da necessidade de viver. Deus não imporia um dever sem dar ao homem o meio de cumpri-lo". Mais adiante, está posto que este mesmo direito pode provocar a chamada tentação do excesso ("quero mais para mim"!), que faz com que o homem se comporte de forma mais rudimentar que os chamados homens brutos, que cessam na busca quando sua necessidade básica é saciada. Os homens contemporâneos – por meio do endeusamento do consumo desenfreado como meio de afirmação pessoal e social – não cessam de buscar e guardar... buscam mais do que precisam e guardam mais do que podem gastar.

Com este padrão de comportamento, explica Kardec, acaba reunindo demais para si, fazendo faltar para outros. Eis o que consta da questão 717 (*Da Lei de Conservação,* 3ª pt., cap. 5, q. 711 a 717):

> *Que se há de pensar dos que açambarcam os bens da Terra para se proporcionarem o supérfluo, com prejuízo daqueles a quem falta o necessário?*

> "Olvidam a Lei de Deus e terão que responder pelas privações que houverem causado aos outros."
> Nada tem de absoluto o limite entre o necessário e o supérfluo. A civilização criou necessidades que o selvagem desconhece e os Espíritos que ditaram os preceitos acima não pretendem que o homem civilizado deva viver como o selvagem. Tudo é relativo, cabendo à razão regrar as coisas. A civilização desenvolve o senso moral e, ao mesmo tempo, o sentimento de caridade, que leva os homens a se prestarem mútuo apoio. Os que vivem à custa das privações dos outros exploram, em seu proveito, os benefícios da civilização. Desta têm apenas o verniz, como muitos há que da religião só têm a máscara. [comentário de Kardec à q. 717].

Dessa forma, ao refletirmos sobre a 4ª petição, não podemos deixar de lado: (I) o que se pede e como Deus responde; (II) o necessário e o supérfluo; e (III) o ter e o ser.

Kardec retoma este tipo de reflexão quando, em *O evangelho segundo o espiritismo*, no seu capítulo 25, trata do *Buscai e achareis*. Ali, o Codificador apresenta a expressão "ajuda-te a ti mesmo, que o Céu te ajudará", vinculando o pedido que porventura viermos a fazer com nossa percepção de quanto este pedido é importante para nosso progresso essencial. Tem a oportunidade de dizer o quanto o bem material é importante para o progresso dos homens, visto que, por conta desta busca "incessante do melhor", promove a evolução da Ciência, da Tecnologia e da sociedade, saindo "[...] gradualmente da barbárie *à civilização material* e desta *à civilização moral*" (KARDEC, 2019a, cap. 25, it. 2).

Logo, não há problema em ter. O problema está no esforço desprendido para ter, na quantidade necessária do ter e do quanto o *ter* (*civilização material*) contribui - ou não - para a efetivação do *ser* (*civilização moral*).

Quando o *ter* passa a servir ao *ser*, encontramos o estado de equilíbrio que nos integra à Vida - retornamos ao exemplo dos lírios dos campos e das aves do céu - e, lembrando Kardec (2019a, cap. 25, it. 6): "*Buscai primeiro o Reino de Deus e a sua justiça, que todas essas coisas vos serão dadas de acréscimo* [...]" (*Mateus*, 6:33).

Ao escrevermos sobre este tema - o necessário e o supérfluo, bem como o *ser* e o *ter* - precisamos delimitar para quem se escreve a reflexão. O materialista, alimentando a crença de que a vida se encerra na morte, terá dificuldade em pautar a sua vida em comportamento cujos resultados finais sejam recolhidos no Além-Túmulo, na vida original.

Deste modo, devemos deixar claro que escrevemos para todos aqueles que acreditam que viverão após a morte do corpo físico, visto que são originalmente Espíritos em viagem em um corpo de carne.

Há, na visão limitada e limitante do corpo, a sensação de que o "pão conquistado" e as demais conquistas obtidas pelo homem derivam dele e para ele, sem o concurso da Misericórdia Divina. Ao nosso socorro e esclarecimento, vem o Espírito Emmanuel (XAVIER, 2021a, cap. 174 - *Pão de cada dia*) para esclarecer que:

> O Altíssimo deixa aos homens a crença de que o pão terrestre é conquista deles, para que se aperfeiçoem

> convenientemente no dom de servir. Em verdade, no entanto, o pão de cada dia, para todas as refeições do mundo procede da Providência Divina.
> O homem cavará o solo, espalhará as sementes, defenderá o serviço e cooperará com a Natureza, mas a germinação, o crescimento, a florescência e a frutificação pertencem ao Todo-Misericordioso.
> No alimento de cada dia prevalece sublime ensinamento de colaboração entre Criador e a criatura, que raras pessoas se dispõem a observar. Esforça-se o homem e o Senhor concede-lhe as utilidades.

Para o imortalista, em geral, e o espírita, em particular, oferecemos o que escreveu a benfeitora Joanna de Ângelis (FRANCO, 2010b, cap. 20 – *O trabalhador espírita*). "Após contato lúcido e consciente com o Espiritismo o indivíduo compreende o sentido e o significado de sua existência na Terra".

Podemos perceber que a benfeitora indica o tipo de contato que o indivíduo necessita ter com o Espiritismo: contato lúcido e consciente, a fim de compreender o sentido [direção] e significado [valor] de sua existência na Terra: uma grande e rica viagem de aprendizado.

Tratando ainda sobre os mesmos tópicos – sentido e significado – no capítulo 26 – *Conquista de sentido existencial,* da mesma obra, a benfeitora escreve: "A vida na Terra é uma experiência rica de sentido e de significado, porque, não encerrando no túmulo, descerra painéis de intemporalidade, de imortalidade", e ainda que "toda vida tem sentido especial, um objetivo de evolução" e "enquanto o alimento material mantém o corpo, o significado existencial conduz o Espírito, dá-lhe impulsos fortes para o crescimento, para a conquista de sua realidade, do seu bem-estar" [FRANCO, 2010b].

E, por fim, podemos buscar reflexão em torno do *ter* e do *ser*, desde quando a felicidade era medida pelo valor acumulado. A expectativa de êxito no casamento era medida pelo tamanho da futura casa e pelo número de convidados da festa de núpcias. De igual modo, a felicidade era, e hoje ainda fortemente, medida pelo que porta o indivíduo... é, em suma, *o vale quanto porta*! Nessa contabilidade de miserabilidade humana, contam: o valor das roupas de grife; o perfume de marca; o carro último tipo; o celular último modelo; a falsa construção do ser que se arquiteta sob a máscara de maquiagem; o torneamento do corpo a fim de atrair os melhores parceiros(as) para formação dos casais... e tudo isso ficará para trás quando formos arrebatados pela morte no convite irrecusável para a grande viagem.

Diz-nos Joanna de Ângelis (FRANCO, 1999, cap. 6 – *Ter e Ser*) que: "O amadurecimento psicológico equipa o homem de resistências contra fatores negativos da existência, as ciladas do relacionamento social, as dificuldades do cotidiano".

Assim sendo, a voz que se eleva para pedir "pão nosso dai-nos hoje" o faz lastreada por um conjunto de valores e crenças que não estão na esfera da cognição, da instrução, mas, sim, no campo da emoção.

Identificar o valor das coisas – tratando-as como "coisas" que são usadas para funções de aprendizado pessoal e social – é resultado de maturidade psicológica.

Ao coração bem-intencionado, frente à imortalidade e valores do Evangelho transformador, deve ser sinal de alerta quando a posse passa a ser o fim em si mesmo, quando o corpo passa a valer mais do que o Espírito que o vitaliza e quando aquilo que "não passa na malha do caixão" passa a valer mais do que as decisões cujos resultados-frutos se dão na imortalidade-colheita.

Honremos a nossa condição de *filhos da Luz*, erguendo a voz em oração pedindo o "pão do dia", porque se estamos afinados com os Desígnios Divinos e, por isso, vamos em sua direção, sabemos que neste caminho o essencial não nos faltará! Que pai dará pedra ao filho que pede pão?

4.6 5ª Petição: "E perdoa-nos as nossas dívidas, assim como nós também temos perdoado aos nossos devedores." (em *Mateus*) e "E perdoa-nos os nossos pecados, pois também nós perdoamos a todo aquele que nos deve." (em *Lucas*)

4.6.1 Objetivo do item

Não é possível pedir que Deus nos isente das culpas se nós ainda nos mantemos magoados por aquilo que nos fizeram os outros. É pedir que Ele aja com dois pesos e duas medidas. Daí a necessidade de PERDOAR ao outro (tal qual amar o próximo) antes de solicitar que Deus assim proceda conosco. Atentar para a importância do AUTOPERDÃO (quitando a culpa que não é construtiva e refletindo sobre a responsabilidade sobre os atos).

4.6.2 Análise da passagem

Pastorino (1964, v. 2, Divisão do "Pai-Nosso", 5ª Petição) chama nossa atenção sobre o fato de o perdão do próximo ser prévio ao perdão que solicitamos de Deus para nós:

> [...] é a condição *sine qua* [*non*], salientada expressamente por Jesus, depois de ensinar a orar [...]. Se não soubermos perdoar, não poderemos jamais ser perdoados. Nossa tradução, "como *já* perdoamos", foi feita para corresponder mais exatamente ao original [...], cujo tempo do verbo supõe a ação já realizada. Esse mesmo ensino voltara exemplificado na parábola do servo sem compaixão (*Mateus*, 18:23 a 35).

Rienecker (2005) apresenta interessantes observações sobre a tradução, tanto em *Mateus* quanto em *Lucas*:

> Perdoa-nos os pecados, porque também nós mesmos perdoamos a cada pessoa que deve a nós. A oração do Senhor contém, após a prece por suprimento do corpo, um pedido que se refere à vida espiritual. [...] Lucas emprega aqui a expressão "pecados" (*hamartiai*). *Mateus* traz "culpas" (*opheilemata*).
> [...]
> A prece do perdão pelos pecados cometidos decompõe-se em duas frases estreitamente conexas que não foram transmitidas nos mesmos termos nos textos originais dos dois evangelistas *Mateus* e *Lucas*. O pretérito perfeito *aphekamen* = "nós temos

> eximido" em *Mateus* pressupõe que o credor que pede a Deus por isenção de dívidas já perdoou a um devedor. A forma verbal do presente: *aphiomen* = "nós eximimos" em *Lucas* não somente expressa a simultaneidade, mas aponta para a necessidade da persistente reconciliabilidade da pessoa que ora. *Lucas* diz: "Porque também nós mesmos estamos perdoando a cada pessoa..." *Mateus*: "Como nós também temos perdoado..." Godet opina a esse respeito: "Nós mesmos, por piores que sejamos, fazemos uso do direito que nos compete de ser clementes, e eximimos de suas dívidas aqueles que nos devem. Quanto mais tu, ó Pai, que és a Bondade em pessoa, hás de fazer uso de teu direito de ser clemente para conosco!" Provavelmente é assim que também devemos compreender o "como também nós" de *Mateus*. A diferença está apenas em que *Lucas* traz um motivo (porque, pois também), enquanto *Mateus* aponta para uma comparação (como também). A expressão "a cada pessoa que nos deve" em *Lucas* pode tanto designar os devedores no sentido literal quanto os que ficaram devendo amor a nós. A expressão incondicional de *Lucas*, "perdoamos a cada pessoa que nos deve", pressupõe que o crente vive na esfera do amor e da reconciliação, o princípio de ação estabelecido no Sermão do Monte.

Pohl (1998, p. 332), comentando o chamado Evangelho da Ação, que é o *Evangelho de Marcos,* escreve sobre o versículo "E, quando estiverdes orando, perdoai" (11:25):

> Este versículo confirma que a comunidade dos discípulos está em vista. A reconciliação é a lei fundamental da sua vida, do seu falar e da sua oração. [...] "Não é possível viver *de* reconciliação sem viver *na* reconciliação" (citando Schmithals). [...] no *Evangelho de Tomé*, 48, encontramos a bela frase: "Se dois fazem as pazes entre si em uma casa, eles dirão ao monte: Caia! E ele cairá".

Mulholland (2005), comentando ainda sobre *Marcos*, escreve:

> Jesus mostra outra exigência (a primeira é crer, conforme o versículo 24)[15] para a oração autêntica: temos que perdoar nosso próximo (cf. *Mateus,* 5:23 e seg.; 6:12; *Lucas,* 11:3 e seg.). [...] A vida na nova casa de oração não só inclui uma relação pessoal com Deus (expressa, por exemplo, por fé e oração), mas também uma relação com os homens.

[15] Nota do autor: Para melhor entendimento, eis *Marcos*, 11:22 a 24. "E Jesus, respondendo, disse-lhes: Tende fé em Deus; Porque em verdade vos digo que qualquer que disser a este monte: Ergue-te e lança-te no mar, e não duvidar em seu coração, mas crer que se fará aquilo que diz, tudo o que disser lhe será feito. Por isso vos digo que todas as coisas que pedirdes, orando, crede receber, e tê-las-eis.

4.6.3 Discussões possíveis em torno do tema

O Anjo ouve o Homem na medida que o Homem ouve seus próprios irmãos.
(Emmanuel)

Nos versículos finais deste episódio de estudo – o *Pai-Nosso* – encontramos Jesus lecionando sobre o perdão que devemos dedicar aos outros. Ensina que: "Porque, se perdoardes aos homens as suas ofensas, também vosso Pai celestial vos perdoará a vós" (*Mateus*, 6:14).

Retorna Jesus ao tema perdão. Aqui, apresenta o perdão como condição para solicitar ao Pai que nos perdoe as dívidas.

Há, pelo menos, duas abordagens possíveis no que tange ao perdão. A primeira refere-se à coerência, uma vez que solicitamos para nós algo que não somos capazes de oferecer e, talvez por isso, Jesus posiciona o perdão como condição para nosso pedido: o esforço pessoal antecede a bênção solicitada.

A segunda abordagem fala do mal que fazemos a nós mesmos quando agasalhamos ódios, mágoas, ressentimentos e outros tipos de *lixo mental e emocional*, que deveriam sofrer desinfecção pela terapia eficaz do perdão.

Quem nos conclama à primeira reflexão é o Espírito Emmanuel (XAVIER; VIEIRA, [s.d.], cap. 90 – *Orar e perdoar*):

> Atenta, pois, para as diretrizes que imprimes às tuas preces, na certeza de que o perdão deve ter presença

> invariável em todos os nossos atos para que nossas petições encontrem livre curso, na direção de Deus.

Lembra da coerência entre o que se pede e o que se sente, informando sobre o livre curso, na direção de Deus.

Em outro texto, o Espírito Emmanuel (XAVIER, 2021c, cap. 135 – *Desculpa sempre*) escreve que: "Quem perdoa, esquecendo o mal e avivando o bem, recebe do Pai Celestial, na simpatia e na cooperação do próximo, o alvará da libertação de si mesmo, habilitando-se a sublimes renovações". Reforça o ensinamento em Emmanuel (XAVIER, 2021b, cap. 21 – *O melhor para nós*).

Por sua vez, a benfeitora Joanna de Ângelis (FRANCO, 2011) apresenta a vantagem do perdão para aquele que consegue tal intento (cap. *Terapia do perdão*):

> [...] Na escala dos acontecimentos morais que dizem respeito à saúde integral, merece destaque a contribuição terapêutica do perdão das ofensas.
> Todo aquele que mantém ressentimento anelando pelo desforço carrega uma brasa viva na mão, objetivando atirá-la no adversário. Em sua aflição doentia, que faculta o anelo de vingança, não se dá conta que, enquanto conduz o elemento responsável pelo desforço tem a mão queimada...
> Sê tu, portanto, aquele que, de imediato, perdoa. Não creias que, ao fazê-lo, o teu inimigo fique indene à responsabilidade decorrente do ato ignóbil praticado. Nem transfira o teu sentimento de mágoa para a Divindade impor a reparação ou as Soberanas Leis pedirem-lhe contas.

> Seja a tua a atitude de libertar a revolta interna que te vergasta a mente e a emoção decorrente do delito de que foste vítima. [...]

Ao iniciarmos o estudo da segunda abordagem necessitamos de imediato desfazer um equívoco cometido por todo aquele que alimenta ódios, mágoas e ressentimentos de toda ordem: aquele que é o alvo deste tipo de emoção, em geral, não sabe disto, vive apesar disto e, muitas vezes, alcança *sucesso* e *felicidade*, sem dar-se conta de que alguém vibra contra ele.

Muitas vezes, nem consegue perceber o mal que cometeu, ou deslize que se permitiu ou, quando realizou o mal por escolha, não considerou nada diferente do que achava ser adequado naquele momento e, logo após, esqueceu-se.

Os fatos de ruim lembrança permanecem vivos e ativos naquele coração que lhe dá guarida e os alimenta cotidianamente. Parece-nos que aquele que alimenta ódio e rancor é prisioneiro em cela construída por ele próprio.

Visto desta forma, o exercício do perdão não visa a atender aquele que provocou o ato gerador dos ressentimentos de ordem variada. Visa a libertar aquele que se fez ofendido, que agasalha na memória o ato que se repete incontáveis vezes, fazendo reviver a dor que deveria superar.

Perdoar é libertar-se. É um ato de autoamor e de escolha pela paz interior.

Diz Joanna de Ângelis (FRANCO, 1982a, cap. 1 – *O perdão das ofensas*):

> Quem esquece o mal de que foi vítima, vitaliza o bem de que necessita.
> [...]
> Se não conseguires superar a injunção penosa, que teus inimigos criam, ora por eles e pensa neles com paz no coração.
> O inimigo é alguém que enfermou...

Se o exercício do perdão aos adversários, sob a óptica da paz que advém disto, não foi capaz de convencer e facultar o início do processo deste estado de espírito salutar, podemos oferecer outra linha de raciocínio, agora um pouco mais tangível, quando relacionamos os males que aninhamos no íntimo com a saúde integral, como informa a benfeitora Joanna de Ângelis (FRANCO, 2003, cap. 31 – *Perdãoterapia*):

> O ser humano, porém, dominado pelas paixões de que não se deseja libertar, senão a golpes de ásperos sofrimentos, cultiva ódios injustificáveis, ressentimentos amargos, anseios de revides perversos... esses inimigos, que residem no âmago do ser, agem contra os equipamentos celulares, envenenando-os com as suas toxinas morbíficas e contínuas ondas mentais de desequilíbrio e acrimônia.
> Disso resulta a queda das resistências no sistema imunológico, surgindo concomitantemente os distúrbios na pressão arterial, as arritmias, os problemas gastrointestinais, as variações de humor sempre para negativo, as perturbações nervosas, quase todos resultados de somatizações

> enfermiças e de sintonias com Espíritos levianos e perversos que pululam à volta dos seres humanos. Mantendo esses propósitos infelizes, mais se lhes acentuam os transtornos orgânicos e emocionais, derrapando em auto-obsessões e em obsessões variadas pela viciação mental e intercâmbio espiritual negativo.
>
> Uma única alternativa, porém, existe, para que se possa adquirir a paz, portanto, marchar na direção da felicidade que a Lei de Deus proporciona àqueles que se comportam conforme esses Soberanos Códigos. Este valioso instrumento é o perdão com sincero desejo de renovação e de felicidade do seu adversário, deixando-o seguir adiante, enquanto a si mesmo se propõe esquecimento do motivo do ressentimento e do rancor. (p. 181).

Em outra obra, *Liberta-te do mal* (FRANCO, 2011, cap. *Terapia do perdão*), a benfeitora Joanna de Ângelis retoma ao tema e escreve:

> Fixações mentais pessimistas, adoção de mágoas, e anseios de vingança, ciúme e rebeldia emocional transformam-se em tóxicos destrutivos que são transferidos para o sistema nervoso central, desse passando ao sistema endocrínico, alojando-se, por fim, no aparelho físico e agredindo as células, que têm perturbada a mitose, abrindo espaço para a contaminação bacteriológica ...
>
> Depressões profundas, distúrbios do pânico, ansiedade e angústia defluem, também, dos sentimentos desvairados que se alojam na usina mental.

> Lenta e insistentemente, emitem ondas de energia negativa que se mesclam às vibrações mantenedoras do equilíbrio, culminando com a desarticulação do seu ritmo, agravando-se, à medida que são vitalizadas pelo pensamento vicioso.

Essas informações deixam claro o quanto o perdão atende antes e primeiramente àquele que o oferece, visto que "a felicidade pertence sempre àquele que pode oferecer" – Joanna de Ângelis (FRANCO, 1972, cap. 38 – *Convite ao perdão*).

Logo, se perdoar as ofensas do próximo nos traz saúde e bem-estar, paz e harmonia, devemos estender este tipo de terapêutica – o perdãoterapia – para nós mesmos e buscarmos mecanismos eficazes para o autoperdão.

O homem contemporâneo traz uma espécie de culpa anterior, quer no aspecto individual, quer no aspecto social, esta última manifestando-se como culpas coletivas que alimentamos ao longo das reencarnações e que são responsáveis, direta ou indiretamente, por coisas que fazemos espontaneamente e por coisa que não conseguimos fazer ou vencer.

Escreve Joanna de Ângelis (FRANCO, 2006, cap. 7 – *Perdão e autoperdão*).

> A culpa é sempre responsável por vários processos neuróticos, que deve ser enfrentada com serenidade e altivez.
> Ninguém se pode considerar irretocável enquanto no processo da evolução.

Mesmo aquele que segue retamente o caminho do bem está sujeito a alternância de conduta, tendo em vista os desafios que se apresentam e o estado emocional do momento.

Há períodos em que o bem-estar a tudo enfrenta com alegria e naturalidade, enquanto que, noutras ocasiões, os mesmos incidentes produzem distúrbios e reações imprevisíveis.

Todos podem errar, e isso acontece amiúde, tendo o dever de perdoar-se, não permanecendo no equívoco, ao tempo em que se esforcem para reparar o mal que fizeram.

Muitos males são ao próprio indivíduo feitos, produzindo remorso, vergonha, ressentimento, sem que haja coragem para revivê-los e liberar-se dos seus efeitos danosos.

Uma reflexão em torno da humanidade de que cada qual é possuidor, permitir-lhe-á entender que existem razões que o levam a reagir, quando deveria agir, a revidar, quando seria melhor desculpar, a fazer o mal, quando lhe cumpriria fazer o bem...

A terapia moral pelo autoperdão impõe-se como indispensável para a recuperação do equilíbrio emocional e o respeito por si mesmo.

Torna-se essencial, portanto, uma reavaliação da ocorrência, num exame sincero e honesto em torno do acontecimento, diluindo-o racionalmente e predispondo-se a dar-se uma nova oportunidade, de forma que supere a culpa e mantenha-se em estado de paz interior.

O autoperdão é essencial para uma existência emocional tranquila.

> Todos têm o dever de perdoar-se, buscando não reincidir no mesmo compromisso negativo, desamarrando-se dos cipós constringentes do remorso. Seja qual for a gravidade do ato infeliz, é possível repará-lo quando se está disposto a fazê-lo, recobrando o bom humor e a alegria de viver.
> [...]
> Perdoa-te, portanto, perdoando, também, ao teu próximo, seja qual for o crime que haja cometido contra ti.

E, para concluirmos o item, vale a reflexão:

> O perdão, porém, libertando a vítima, abençoa o algoz, ensejando-lhe, também, desfrutar da felicidade relativa que está ao alcance de todo aquele que deseje seguir as Leis de Deus, crescendo espiritualmente.
> Perdãoterapia é, portanto, neste momento, o mais admirável recurso para a saúde e a felicidade do ser, ao lado do amor, do qual é extensão. – Joanna de Ângelis (FRANCO, 2003, cap. 31 – *Perdãoterapia*).

4.7 6ª Petição: "E não nos deixes entrar em tentação" (em *Mateus* e *Lucas*)

4.7.1 Objetivo do item

Diferenciar as dificuldades que temos de evitar: os instintos e as emoções (*sombras*) naturais do passado que trazemos. Lembrar que a memória histórica que temos tende a nos fazer repetir equívocos de antes. Esta é a tentação de que se fala. Diferenciar expiações de provações...

4.7.2 Análise da passagem

Pastorino (1964, v. 2, Divisão do "Pai-Nosso", 6ª Petição) inicia o estudo sobre a tentação informando que ela se aproxima mais da prova do que do chamado pecado:

> [...] Pedido de socorro que fazemos, para que não sejamos colocados em situações perigosas que nos experimentem as forças, pois tememos sucumbir, já que conhecemos nossas fraquezas. Suplicamos, então, à misericórdia do Pai, que nos poupe as experimentações, que talvez nos levem à derrota. *Tentação, pois, não é o "pecado", mas a prova* [...]. Segundo *Tiago* (1:2): ["Meus irmãos, tende grande gozo quando cairdes em várias tentações"], as provações "são úteis" à evolução. [...] (Grifos nossos).

Tasker (2005) confirma a ideia de tentação como prova ao discutir a tradução da passagem:

> A palavra *peirasmos*, traduzida por *tentação, também significa provações externas.* Muitos comentadores consideram este como o sentido primário aqui. Os cristãos devem orar pedindo que sejam poupados das provações que precederão a consumação do Reino. É possível que as palavras tenham uma significação mais geral. *Dá-nos a força necessária para que as provações da vida não se tornem para nós ocasiões para tentação espiritual.* (Grifos nossos).

Rienecker (2005), de origem protestante e estudando o *Evangelho de Lucas*, traz mais esclarecimentos sobre os possíveis significados da palavra original usada nos Evangelhos:

> "Não nos conduzas para dentro da tentação!" A prece pelo perdão de pecados cometidos é seguida pelo pedido por proteção diante da tentação. Em *Lucas*, as duas preces, "perdoa-nos nossos pecados... "e "não nos conduzas para dentro da tentação!", estão ligadas entre si!
>
> O pedido por preservação diante da tentação pressupõe pessoas que oram, que obtiveram o perdão dos pecados e que pedem para viver doravante uma vida santa. Em outras palavras: à consciência das transgressões do passado associa-se no cristão a percepção de sua fraqueza e, por consequência, o medo diante de transgressões futuras.
>
> No grego a palavra tentação (*peirasmós*) tem um significado triplo: teste, tentação e tribulação, o que talvez deva ser distinguido em cada passagem da Escritura. Neste caso, a prece "não nos conduzas à tentação" visa a expressar que *peirasmós* deve ser entendido como segue: "Não nos conduzas para dentro da tentação com um desfecho maligno"!
>
> [...]
>
> No que diz respeito ao termo *peirasmós* no sentido de teste cabe citar aqui *Tiago*, 1:13 e 14, onde se lê: "Ninguém, sendo tentado, diga: De Deus sou tentado; porque Deus não pode ser tentado pelo mal e a ninguém tenta. Mas cada um é tentado, quando atraído e engodado pela sua própria concupiscência".

> Por teste, portanto, podemos entender uma tentação de Deus, um *colocar à prova em vista do bem.* Deus prova para esclarecer e solidificar. Tais provas constituem uma exigência da Sabedoria Educativa Divina...
> Provas dessa espécie redundam em bênção. Provas assim configuradas devem produzir alegria (cf. *Tiago,* 1:2 a 12*; Romanos,* 5:8; *I Pedro,* 1:6 e seg.; *Jó,* 33:19 a 30).
> A palavra "tribulação" abarca ambos os conceitos, ou seja, "tentação" e "teste".

Rienecker (1998), agora tratando do *Evangelho de Mateus*, também descreve a tentação com a mesma ideia de Pastorino, obviamente utilizando-se de linguagem e imagens pertinentes a sua crença:

> Não nos deixes cair em tentação tem em mente todos os sofrimentos e tentações, que para o cristão se resumem na constatação sempre de novo verdadeira de que *o desejo da carne é contra o Espírito* (*Gálatas,* 5:17; também *Tiago,* 1:13). *As reincidentes provações e tentações, que servem para o cristão como provas de afirmação, são exigência da Sabedoria Pedagógica e da Justiça Divinas.* Porque alegria e dor, tristeza e adversidades, decepções, fome, miséria e perseguição permanentemente trazem dentro de si grandes perigos. Cônscio de sua própria impotência e fraqueza, o filho de Deus volta-se, por isso, ao Pai, pedindo que Ele poupe seu Filho do poder aliciador de todas essas tentações. Em virtude de sua fidelidade, Deus faz com

> que a tentação não leve à queda, mas possa ser vencida (*I Coríntios,* 10:13). (Grifos nossos).

Fica claro que os estudiosos e especialistas nos textos evangélicos caminham no sentido de entender a tentação tratada na 6ª petição como uma prova, um teste, uma experimentação para o homem, e não como um pecado, ou equívoco. Essa interpretação, apesar de ser extraída de textos de outros segmentos religiosos, aproxima-se da ideia espírita de que a vida corpórea é um exercício de aprendizado, um permanente reencontro do Espírito encarnado com suas próprias dificuldades, assuntos não resolvidos frente a consciência e oportunidade de reconstrução pessoal e coletiva. A superação e transformação destas dificuldades d'alma é que caracterizam o surgimento do *homem novo.*

4.7.3 Discussões possíveis em torno do tema

Quando a tentação se aproximar de
você, lute e a luta o fará feliz.
(Marco Prisco)

O estudo dos textos especializados nos *Evangelhos de Mateus e Lucas* indica que as melhores traduções do termo "tentações" se aproximam do sentido de prova ou de teste.

Numa visão eminentemente espírita, este é o entendimento que temos do processo de aprendizagem do Espírito encarnado. Estamos na vida física para aprender e o fazemos por meio das provas – que devem ser entendidas como experiências novas e necessárias ou experiências que se repetem – com o objetivo de fazer-nos aprender e apreender.

Dessa forma, a 6ª petição, ao apresentar o *Não nos deixeis cair em tentação* – em teste, em situação que não conhecemos, em situação em que somos fracos – quer demonstrar nosso pedido para que nos poupe ou que nos ampare ou, melhor ainda, dê-nos forças para vencer o teste a que a vida está nos submetendo.

Assim sendo, estamos sempre entrando em situações de teste, de tentações e, por isso, nossa petição deve repetir-se ininterruptamente, visto que estamos em processo de aprimoramento espiritual e, por isso, o *homem velho* que habita em nós há muito tempo fala mais alto e domina mais intensamente que o *homem novo*, a cuja construção nos dedicamos recentemente.

Tratando dessa questão histórica e temporal – do homem velho e do homem novo –, a benfeitora Joanna de Ângelis (FRANCO, 1998b, cap. 1 – *Resistência contra o mal*) escreve:

> Há dias, nos quais, as resistências parecem diminuir. São consequências naturais do cansaço acumulado, efeitos dos pesares reunidos, abalos do sistema emocional, estados de depressão, presença da amargura...
> Nessas oportunidades o pensamento desvaira e o entusiasmo se entibia, dando surgimento a possibilidades de abandono das tarefas assumidas, a aparente necessidade de maior repouso, a oferecimento

> de lugar a outros companheiros queixosos, a novas experiências...
>
> Exatamente nesses momentos de fragilidade idealística e de enfraquecimento moral, surgem as facilidades que se desejam instalar no indivíduo através das brechas do sentimento afligido.
>
> Anseios perturbadores antigos, que foram rechaçados, voltam à mente; reflexões penosas assenhoreiam-se do raciocínio; instabilidade emocional procura fixar-se; o pessimismo ressurge; a auto compaixão manifesta-se, parecendo solicitar ensejo de viver no prazer e no gozo.
>
> Enquanto esses adversários se vão apresentando, soa, na consciência, um sinal de alarme, anunciando que se está em hora de perigo, em razão de se encontrarem desfalecentes as resistências morais.
>
> Torna-se urgente uma parada na descida emocional, a fim de não se tombar nas armadilhas soezes da tentação.
>
> [...]
>
> A resistência contra o mal transforma-se em desafio que passa a ser vivido a cada instante, em todos os períodos do desenvolvimento evolutivo. (p. 13 a 15).

Ainda escreve que é nos recolhendo à oração e buscando o trabalho edificante é que conseguiremos chegar ao final sem desfalecimento (p. 16).

Em outro texto – *Desperta e seja feliz* (FRANCO, 1996, cap. 5 – *Enfrentando tentações*) –, a benfeitora deixa claro o tipo de relação que se deve ter com a *tentação*. Diferentemente do que o senso comum popular informa, quando vemos a *tentação* como teste e o teste como etapa necessária do aprendizado da vida, não nos desesperamos quando estes surgem, sejam os mais simples ou os mais complexos. Escreve-nos que:

> Ninguém cresce, moral e espiritualmente, sem a presença mortificadora da tentação. As tentações são as pedras da estrada, criando impedimentos à movimentação dos viajantes do progresso; são os espinhos cravados nas "carnes do coração" ferindo, a cada contração muscular...
> Constituem, também, os estímulos à vitória, à transformação íntima para melhor. São o aguilhão que impele para a frente todo aquele que lhe padece o acúleo.
> As tentações que levam à irritação, ao revide, não são maiores do que aqueloutras que fazem arder as emoções profundas e se apresentam como tormentos ocultos do sentimento, do sexo, dos vícios, e outras que a ambição desmedida sussurra aos ouvidos da alma.
> A vida, sem tentações ou testes de avaliação moral, perderia o seu colorido e as suas motivações de crescimento.

Assim sendo, o homem esclarecido deve ter muito claro para si o sentido que irá empregar na 6ª petição quando orar: o sentido de solicitar que as lutas e dificuldades lhe sejam quitadas ou afastadas ou se pedirá forças e condições para melhor enfrentar os desafios que a Vida Maior lhe apresenta ao longo da existência.

Gostaríamos de lembrar que, na visão espírita:

> A provação é a experiência requerida ou proposta pelos guias espirituais antes do renascimento corporal do candidato, examinadas as suas fichas de evolução, avaliadas as suas probabilidades de vitória e os recursos ao seu alcance para o cometimento. Apresenta-se como tendências, aptidões, limites e possibilidades sob controle, dores suportáveis e alegrias sem exagero, que facultem a mais ampla colheita de resultados educativos. Nada é imposto, podendo ser alterado o calendário das ocorrências, sem qualquer prejuízo para a programação iluminativa do aprendiz. – Joanna de Ângelis (FRANCO, 1998a, cap. 3 – *Origens do sofrimento*).

Daí podermos dizer que é possível "mudar o calendário" das experiências mais difíceis do homem... para isso podemos orar, mas, certamente, sendo a experiência uma necessidade, chegará o momento em que deixará de ser uma vivência eletiva para tornar-se uma vivência necessária no processo de crescimento.

Hoje podemos escolher as condições para o enfrentamento das tentações/testes que a vida nos propõe, mas, se solicitarmos o afastamento destes testes, dia virá que eles se apresentarão como vivência necessária e inadiável e, aí, será chamada não mais de provação, mas, sim, de expiação. A provação transforma-se na etapa seguinte do crescimento necessário: a expiação.

Resulta disto tudo que, na 6ª petição, o sentido deve ser: "Senhor, fortalece-nos"! "Senhor, não nos deixe cair/falhar no exercício da tentação/teste necessário! Ilumina-nos"!

Vivamos, pois, aprendendo a identificar os pontos difíceis da nossa emoção, tal qual ensina o Apóstolo Paulo quando escreve: "E, para que me não exaltasse pelas excelências das revelações, foi-me dado um espinho na carne, a saber, um mensageiro de Satanás, para me esbofetear, a fim de não me exaltar" (*2 Coríntios*, 12:7). Conhecer as nossas dificuldades – nossos espinhos na carne – ajudará a postarmo-nos mais coerentemente frente a Deus no momento íntimo ou coletivo de oração.

Agora temos melhores condições para entendermos o que ensina o Apóstolo *Tiago* (1:12), que, antes, poderia parecer absolutamente paradoxal: "Bem-aventurado o homem que sofra tentação"!

4.8 7ª Petição: "Mas livra-nos do mal" (em *Mateus* e em *Lucas*)

4.8.1 Objetivo do item

O mal não é Criação Divina e sim do homem no processo de aprimoramento natural. Há o "símbolo do mal" como os Espíritos infelizes que, por sintonia natural, vinculam-se a nós ou que nos veem cobrar equívocos anteriores.

4.8.2 Análise da passagem

Ao estudar esta petição, Pastorino (1964, v. 2, Divisão do "Pai-Nosso", 7ª Petição) é econômico e define o mal aqui referido como aquele que surge do homem mau: A palavra está em genitivo, que tanto pode ser masculino como neutro (mau ou mal). "[...] Da interpretação dependerá exclusivamente a escolha de um ou de outro". Como consequência do ensino "não resistais ao homem mau" (*Mateus*, 5:39) pode compreender-se do mau.

Rienecker (1998), por sua vez, introduz a figura de Satanás no contexto do estudo:

> Livra-nos do mal significa: "Salva-nos para que nós e o mal fiquemos longe um do outro". O mal é um poder atrás do qual está o maligno, Satanás. Por isso, estar e permanecer separado dele é algo que se torna viável cada dia somente pela mão salvadora e protetora de Deus. "Pai, segura-nos firmes na tua mão".

Para nosso estudo, tanto a figura do mal ou mau que se materializam no homem que o executa, quanto a figura mitológica de Satanás, que representa Espíritos em estágios emocionais comprometidos pela vingança, poder etc, são para nós importantes. Vamos explorar ambas as posições a seguir.

4.8.3 Discussões possíveis em torno do tema

[...] nem mesmo a sepultura nos exonera dos atritos com as trevas, cujas raízes se nos alastram na própria organização espiritual. Só a morte das imperfeições em nós livrar-nos-á dela.
(Emmanuel. *Pão nosso*, cap. 101)

Os Imortais informam a Kardec que todos fomos criados simples e ignorantes (2019b, q. 119) e que caminhamos na direção da perfeição, guiados pela Lei de Deus impressa na consciência (2019b, q. 621), mas com liberdade de desenhar a própria trajetória. Ocorre que esta trajetória inicial do crescimento nos leva a experimentar de alguma forma contato com os reinos mais primitivos onde surgem os instintos que, nas etapas posteriores da experiência evolutiva, aprimoram-se resultando em emoções e, depois, em sentimentos. É nesta fronteira pouco nítida entre essas experiências que optamos ou nos deixamos arrastar por aquilo que chamamos de "mal" e que, para os Espíritos Superiores, é tudo aquilo que é contrário à Lei de Deus (KARDEC, 2019b, q. 630).

Sendo assim, primeiro, fica claro que o mal não é – nem poderia ser – Criação de Deus, mas uma rotina sustentada pelos homens que fazem escolhas que os afastam da Lei Natural, dando vazão a suas emoções grosseiras, muitas vezes próprias ao estágio que habitam, em detrimento aos processos de aprimoramento das emoções.

O mal existe como produção dos homens, que trabalham em sua manutenção, por ainda se satisfazerem *nele* e *com ele*, ou por verem nele algum tipo de vantagem, mesmo que passageira.

Uma segunda questão, resultante também da infância espiritual que nos é própria, é a tentativa de materializar este mal fora de nós, produzindo figuras ou personagens sobre as quais despejamos a "culpa" de nos tentarem e de nos arrastarem para as *sendas do mal...* O chamado diabo passa a fazer parte de nosso imaginário social e passamos a necessitar desta figura mitológica para aliviarmos um pouco a culpa que alimentamos.

Allan Kardec também tratou deste tema em *O livro dos espíritos* quando, no capítulo 1 – *Dos Espíritos*, aprofunda os estudos sobre o tema *anjos e demônios* (2019b, 2ª pt., q. 128 a 131) quando tem a chance de apresentar uma nota muito esclarecedora sobre demônios onde, após longa e lógica explanação, conclui que "Satanás é evidentemente a personificação do mal sob a forma alegórica, visto não se poder admitir que exista um ser mal a lutar, como de potência a potência, com a Divindade e cuja única preocupação consistisse em lhe contrariar os desígnios".

A fim de melhor esclarecer este tema, vem em nosso socorro o Espírito Amélia Rodrigues (FRANCO, 2012, cap. 18 – *A psicoterapia de Jesus*):

> Sabia Jesus que todos os males que afligem o Espírito humano procedem do seu interior, das suas matrizes geradoras da personalidade, nas quais estão cristalizados os hábitos doentios, esses filhos diletos do egoísmo e da violência.
> Mantendo a herança da luta pela sobrevivência, essa personalidade retrógrada somente pensa em acumular valores para a continuidade dos seus interesses, fruir dos prazeres entorpecentes que impedem a claridade da consciência, fazer-se ver e receber aplauso, num comportamento gravemente infantil do qual já se deveria haver libertado, na razão direta em que houve o desenvolvimento para a faixa adulta.
> Mas não é o que acontece, fixando-se cada vez mais nos significados agradáveis do seu viver, não se importando com aqueles que lhe constituem a

constelação familiar, o grupo social, os cooperadores do trabalho, o grupo de natureza espiritual.

Parece ficar claro que o mal surge no próprio homem a partir da manutenção que dá aos instintos originários de etapas anteriores da existência, negando-se ao amadurecimento impostergável.

No que se refere a figura exterior do mal de que fazemos uso, na personificação de *Satanás*, explica-nos Joanna de Ângelis (FRANCO, 1971, cap. 37 – *Espírito da treva*) que, o que existe na verdade, é a figura do *Espírito da treva*, membro dos grupos espirituais que também se negam a amadurecer e que, por puro fenômeno de sintonia vibratória, buscam seus iguais que ainda estão no corpo físico e com eles interagem. Escreve que:

> [O Espírito da treva] Está em toda parte.
> Surge inesperadamente e assume faces de surpresa que produzem estados da alma afligentes, configurando pungentes conflitos que conduzem, não raro, a nefandas consequências.
> Às vezes, no lar, os problemas avultam-se, na ordem moral, desconcertando a paisagem doméstica; no trabalho, discussões inesperadas, por nonadas, tomam aspectos de gravidade, que conduzem os contendores a ódios virulentos e perniciosos; nas relações, irrompem incompreensões urdidas nas teias da maledicência, fragmentando velhas amizades que antes se firmavam em compromissos de lealdade fraterna inamovível; na rua e nas conduções gera inquietações que consomem, e lança pessoas

> infelizes no caminho, provocantes, capazes de atirar por coisas de pequena monta, nos rebordos de abismos profundos, aqueles que defrontam...
>
> É o Espírito da treva. Está, sim, em toda parte. Membro atuante do que constitui as forças do mal, que por enquanto ainda assolam a Terra, na atual conjuntura do Planeta, irrompe inspirando e agindo, nos múltiplos departamentos humanos, objetivando desagregar e infelicitar as criaturas, no que se compraz.
>
> Espírito estigmatizado pela agonia íntima que sofre, envenenado pelo ódio em que se consome ou revoltado pelo tempo perdido, na vida passada, sintoniza com as imperfeições morais e espirituais do homem, mantendo comércio pernicioso de longo curso.
>
> [...]
>
> Como quer que apareça o Espírito da treva, no teu caminho, enfrenta-o simples de coração e limpo de consciência. Não debatas nem te irrites com ele.
>
> [...]
>
> Arma-te a todo instante com a prece e põe o capacete da piedade, conduzindo a luz da misericórdia para clarificar o caminho e vencerás em qualquer luta, permanecendo livre em face de qualquer das suas ciladas.

Busquemos na 7ª petição as melhores condições para decidir com acerto. Na verdade, o "livra-nos do mal" pode ser sentido como "livra-nos do nosso passado e ajuda-nos a seguir na direção da felicidade", ou mesmo "mostra-nos como nos transformamos de lagarta em borboleta, passando pela transformação da qual não podemos escapar...”

O Pai não nega auxílio nunca, mas melhor será se nossa petição for acompanhada pelo esforço sincero que fazemos para nossa transformação moral e para dobrar as nossas más inclinações.

Uma boa síntese é o texto do Espírito Emmanuel (XAVIER, 2021e, cap. 157 – *O remédio salutar*):

> Se desejas, pois, servir com o Senhor Jesus, pede a Ele que te liberte do mal, mas que não te afaste dos lugares de luta, a fim de que aprendas, em companhia d’Ele, a cooperar na execução da Vontade Celeste, quando, como e onde for necessário.

5

COMO SE FOSSE CONCLUSÃO

A oração, desse modo, constitui revigorante mecanismo de equilíbrio psicológico e moral, facultando visão correta dos significados existenciais e das oportunidades que a reencarnação faculta a quem anela pela felicidade despida de atavios enganosos e embriagadores.
(Joanna de Ângelis. *Jesus e o Evangelho*)

Há, pelo menos, três possibilidades didáticas para a uma possível conclusão deste trabalho: (I) a reflexão sobre a oração para o Movimento Espírita, considerando que buscamos a reedição do Evangelho de Jesus, agora sob a óptica do tríplice aspecto do Espiritismo; (II) a reflexão que se dirige ao exercício interior do pedir e o seu resultado, o conseguir; e, finalmente, (III) a possibilidade de encerrar o trabalho com uma abordagem fundamentada em texto evangélico, consagrando a primazia deste sobre os dias atuais e suas questões.

Se escolhida a primeira opção, a base de estudo que norteará o texto é a página *A comunhão com Deus - o hábito da prece*, de autoria de Joanna de Ângelis (FRANCO, 1977b), cuja abordagem se dirige ao Movimento Espírita e suas práticas. Neste texto, a autora chama a atenção para os fatos:

- De que "a falta de hábito da oração, a ausência das técnicas de concentração constitui aos iniciantes dificuldades expressivas para a busca, mediante a prece a sós. Neste capítulo, a convivência com os outros que se capacitaram ao anular de si para que se penetrem de Deus, leciona meios hábeis para credenciar os neófitos e torná-los preparados para o ministério solitário".
- De que a oração em conjunto "impele a criatura a interessar-se pelo seu irmão e a estar ao lado de quem se lhe apresenta como antipático, junto aos ofensores..."
- De que devemos lembrar do chamamento de Jesus ao perdão: *E quando estiverdes orando, perdoai!*
- De que as "mentes que se resguardam na oração defendem a casa mental da agressividade alheia..."
- De que é "indispensável saber pedir, compreender o fim para qual se pede e o de que realmente necessita pedir".

Conclui a página que serviria de guia para uma das possibilidades de conclusão com a seguinte expressão: "De precípua importância que todos, encarnados e desencarnados, prosseguindo com a imperecível lição do Mestre, nos reunamos para orar, a fim de, elevando-nos a Deus, desçamos para a aplicação e a vivência dos verbos amar, servir e passar..."

A segunda possibilidade de conclusão fala mais acerca da emoção de cada um de nós. A página que nos guiaria neste caminho intitula-se *Pedir e conseguir* e está íncita na obra *Jesus e o evangelho – à luz da psicologia profunda*, da benfeitora Joanna de Ângelis (FRANCO, 2000, cap. *Pedir e conseguir*).

Nesta mensagem, a benfeitora inicia sua trajetória de estudo relembrando a nossa história de formação física, realçando nossa passagem pelo reino animal, onde o instinto sobrepujava, resultando nas emoções ainda rudimentares. Com essa história, é esperável que em alguns momentos do processo de crescimento a *sombra* densa crie condições desfavoráveis ao aprimoramento das emoções e a escolha pela busca da paz. Diz-nos que "as heranças culturais, sociais e morais que lhe dormem no ser encontram dificuldades de expandir-se em razão das preferências do desejo pelo prazer e pelo poder, atirando-o para abismos emocionais que o enlanguescem ou que o galvanizam". Por conhecer estes fatores humanos, Jesus não cessava de recomendar que a renovação interior deveria ser uma busca constante entre os doentes do corpo e da emoção.

Como as criaturas não soubessem como manter este estado de busca interior pela paz, pela harmonia, pela tolerância, pela concórdia, "sugeriu a oração, que se constitui numa ponte vibratória de fácil construção por todo aquele que deseje realmente a vitória sobre os sofrimentos e anelem pelo bem-estar pleno".

Lembrando que Jesus buscava a oração como recurso eficaz, constantemente, informa que assim Ele ensinou que

> [...] a oração tudo pode, pelo que realiza no inteiro do ser, alterando a sua capacidade de entender a vida e os acontecimentos diários.
> Orando, o ser desperta e reflexiona, assiste-se emocionalmente e compreende a necessidade de ajudar o seu próximo...
> A prece faculta esse recurso... mas muitos homens e mulheres foram tocados [...] mas se negaram a segui-lo porque a *sombra* não lhes permitiu a claridade interior, aquela que erradica todo mal e proporciona a liberdade real.

A benfeitora concluirá a página dizendo que:

> Quando o desespero de qualquer forma circunde a casa mental e o departamento emocional da criatura, cabe-lhe, na dificuldade de discernimento ou de dor em que se encontre, abrir-se à prece e pedir amparo a Deus, tocando-se de luz, porquanto tudo *obterá e concedido lhe será o que pedir*.

Por última, a terceira hipótese de conclusão reflexiva seria buscar a palavra própria de Jesus em torno da oração e identificar uma mensagem que nos levasse à reflexão. Tantas são as frases de Jesus que tratam deste tema e tantas foram usadas ao longo do estudo...

Ao longo da pesquisa sobre este estudo, deparamo-nos com uma passagem do Novo Testamento onde Jesus ora por si mesmo e por sua missão, logo após tratar das tarefas dos discípulos e de falar-lhes acerca do Consolador...

Este texto está contido apenas no *Evangelho de João*, o discípulo amado, no seu capítulo 17:1 a 26 e, por meio dele, convidamos o leitor à reflexão e nos despedimos esperançosos de que, sendo a oração algo que se aprende, que sejamos abençoados pelos seus resultados em nossas vidas:

> Jesus falou essas coisas e, levantando os olhos ao céu, disse: Pai, é chegada a hora; glorifica a teu Filho, para que também o teu Filho te glorifique a ti, assim como lhe deste poder sobre toda carne, para que dê a vida eterna a todos quantos lhe deste.
> E a vida eterna é esta: que conheçam a ti só por único Deus verdadeiro e a Jesus Cristo, a quem enviaste.
> Eu glorifiquei-te na terra, tendo consumado a obra que me deste a fazer.
> E, agora, glorifica-me tu, ó Pai, junto de ti mesmo, com aquela glória que tinha contigo antes que o mundo existisse.
> Manifestei o teu nome aos homens que do mundo me deste; eram teus, e tu mos deste, e guardaram a tua palavra.
> Agora, já têm conhecido que tudo quanto me deste provém de ti, porque lhes dei as palavras que me deste; e eles as receberam, e têm verdadeiramente conhecido que saí de ti, e creram que me enviaste.

Eu rogo por eles; não rogo pelo mundo, mas por aqueles que me deste, porque são teus.
E todas as minhas coisas são tuas, e as tuas coisas são minhas; e nisso sou glorificado.
E eu já não estou mais no mundo; mas eles estão no mundo, e eu vou para ti. Pai santo, guarda em teu nome aqueles que me deste, para que sejam um, assim como nós.
Estando eu com eles no mundo, guardava-os em teu nome. Tenho guardado aqueles que tu me deste, e nenhum deles se perdeu, senão o filho da perdição, para que a Escritura se cumprisse.
Mas, agora, vou para ti e digo isto no mundo, para que tenham a minha alegria completa em si mesmos.
Dei-lhes a tua palavra, e o mundo os odiou, porque não são do mundo, assim como eu não sou do mundo.
Não peço que os tires do mundo, mas que os livres do mal.
Não são do mundo, como eu do mundo não sou.
Santifica-os na verdade; a tua palavra é a verdade.
Assim como tu me enviaste ao mundo, também eu os enviei ao mundo.
E por eles me santifico a mim mesmo, para que também eles sejam santificados na verdade.
Eu não rogo somente por estes, mas também por aqueles que, pela sua palavra, hão de crer em mim; para que todos sejam um, como tu, ó Pai, o és em mim, e eu, em ti; que também eles sejam um em nós, para que o mundo creia que tu me enviaste.
E eu dei-lhes a glória que a mim me deste, para que sejam um, como nós somos um.

Eu neles, e tu em mim, para que eles sejam perfeitos em unidade, e para que o mundo conheça que tu me enviaste a mim e que tens amado a eles como me tens amado a mim.
Pai, aqueles que me deste quero que, onde eu estiver, também eles estejam comigo, para que vejam a minha glória que me deste; porque tu me hás amado antes da criação do mundo.
Pai justo, o mundo não te conheceu; mas eu te conheci, e estes conheceram que tu me enviaste a mim.
E eu lhes fiz conhecer o teu nome e lho farei conhecer mais, para que o amor com que me tens amado esteja neles, e eu neles esteja.

REFERÊNCIAS

BRUCE, A. B. *O treinamento dos doze*. São Paulo, SP: Arte Editorial, 2005.

CHRISPINO, Álvaro. *O livro dos espíritos no contexto do século XIX* (prefácio). *In*: PUGLIESE, Adilton; CHRISPINO, Álvaro (orgs.). *Reconhecimento a Allan Kardec*. Salvador, BA: LEAL, 2007.

CHRISPINO, Álvaro. *Sobre ovelhas e lobos*: alguns desafios do movimento espírita. Salvador, BA: LEAL, 2019.

FERNANDES, Washington Luiz N. (org.). *A prece segundo os espíritos*: coletânea mediúnica ilustrada. Salvador, BA: LEAL, 1995.

FRANCO, Divaldo P. *Messe de amor.* Pelo Espírito Joanna de Ângelis. Salvador, BA: LEAL, 1966.

FRANCO, Divaldo P. *Crestomatia da imortalidade*. Pelo Espírito Amélia Rodrigues. Salvador, BA: LEAL, 1969.

FRANCO, Divaldo P. *Florações evangélicas*. Pelo Espírito Joanna de Ângelis. Salvador, BA: LEAL, 1971.

FRANCO, Divaldo P. *Convites da vida*. Pelo Espírito Joanna de Ângelis. Salvador, BA: LEAL, 1972.

FRANCO, Divaldo P. *Momentos de decisão*. Pelo Espírito Marco Prisco. Salvador, BA: LEAL, 1977a.

FRANCO, Divaldo P. *No limiar do infinito*. Pelo Espírito Joanna de Ângelis. Salvador, BA: LEAL, 1977b.

FRANCO, Divaldo P. *Espírito e vida*. Pelo Espírito Joanna de Ângelis. Salvador, BA: LEAL, 1978.

FRANCO, Divaldo P. *Luz do mundo*. Pelo Espírito Amélia Rodrigues. Salvador, BA: LEAL, 1981.

FRANCO, Divaldo P. *Alerta*. Pelo Espírito Joanna de Ângelis. Salvador, BA: LEAL 1982a.

FRANCO, Divaldo P. *Nas fronteiras da loucura*. Pelo Espírito Manoel Philomeno de Miranda. Salvador, BA: LEAL, 1982b.

FRANCO, Divaldo P. *Otimismo*. Pelo Espírito Joanna de Ângelis. Salvador, BA: LEAL, 1983.

FRANCO, Divaldo P. *Alegria de viver*. Pelo Espírito Joanna de Ângelis. Salvador, BA: LEAL, 1987a.

FRANCO, Divaldo P. *Viver e amar*. Pelo Espírito Joanna de Ângelis. Salvador, BA: LEAL, 1987b.

FRANCO, Divaldo P. *Momentos de meditação*. Pelo Espírito Joanna de Ângelis. Salvador, BA: LEAL, 1988a.

FRANCO, Divaldo P. *Pelos caminhos do Senhor*. Pelo Espírito Amélia Rodrigues. Salvador, BA: LEAL, 1988b.

FRANCO, Divaldo P. *O homem integral*. Pelo Espírito Joanna de Ângelis. Salvador, BA: LEAL, 1990.

FRANCO, Divaldo P. *Vida feliz*. Pelo Espírito Joanna de Ângelis. Salvador, BA: LEAL, 1992.

FRANCO, Divaldo P. *Desperte e seja feliz*. Pelo Espírito Joanna de Ângelis. Salvador, BA: LEAL, 1996.

FRANCO, Divaldo P. *Momentos de felicidade*. Pelo Espírito Joanna de Ângelis. Salvador, BA: LEAL, 1997.

FRANCO, Divaldo P. *Plenitude*. Pelo Espírito Joanna de Ângelis. Salvador, BA: LEAL, 1998a.

FRANCO, Divaldo P. *Sendas luminosas*. Pelo Espírito Joanna de Ângelis. Votuporanga, SP: Didier, 1998b.

FRANCO, Divaldo P. *Jesus e o evangelho*: à luz da psicologia profunda. Pelo Espírito Joanna de Ângelis, Salvador, BA: LEAL, 2000.

FRANCO, Divaldo P. *Nascente de bênçãos*. Pelo Espírito Joanna de Ângelis. Salvador, BA: LEAL, 2001.

FRANCO, Divaldo P. *Lições para a felicidade*. Pelo Espírito Joanna de Ângelis. Salvador, BA: LEAL, 2003.

FRANCO, Divaldo P. *Iluminação interior*. Pelo Espírito Joanna de Ângelis. Salvador, BA: LEAL, 2006.

FRANCO, Divaldo P. *Diretrizes para uma vida feliz*. Pelo Espírito Marco Prisco. Salvador, BA: LEAL, 2010a.

FRANCO, Divaldo P. *Vitória sobre a depressão*. Pelo Espírito Joanna de Ângelis. Salvador, BA: LEAL, 2010b.

FRANCO, Divaldo P. *Liberta-te do mal*. Pelo Espírito Joanna de Ângelis. Santo André, SP: EBM, 2011.

FRANCO, Divaldo P. *Vivendo com Jesus*. Pelo Espírito Amélia Rodrigues. Salvador, BA: LEAL, 2012.

FRANCO, Divaldo P. *Seja feliz hoje*. Pelo Espírito Joanna de Ângelis. Salvador, BA: LEAL, 2016.

FRANCO, Divaldo P. *Estudos espíritas*. Pelo Espírito Joanna de Ângelis. 9. ed. 5. imp. Brasília, DF: FEB, 2018a.

FRANCO, Divaldo P. *Momentos de sublimação*. Pelos Espíritos Vianna de Carvalho e Joanna de Ângelis. Salvador, BA: LEAL, 2018b.

FRANCO, Divaldo P. *Lampadário espírita*. Pelo Espírito Joanna de Ângelis. 9. ed. 2. imp. Brasília, DF: FEB, 2022.

FRANCO, Divaldo P.; SAID, Cezar B. *Cartas de Yvonne*: a amizade entre Divaldo Franco e Yvonne A. Pereira. Salvador, BA: LEAL, 2016. Sétima carta.

KARDEC, Allan. *O evangelho segundo o espiritismo*. Trad. Guillon Ribeiro. 131. ed. 14. imp. (Edição Histórica). Brasília, DF: FEB, 2019a.

KARDEC, Allan. *O livro dos espíritos*. Trad. Guillon Ribeiro. 93. ed. 9. imp. (Edição Histórica). Brasília, DF: FEB, 2019b.

KARDEC, Allan. *Obras póstumas*. Trad. Guillon Ribeiro. 41. ed. 1. imp. (Edição Histórica). Brasília, DF: FEB, 2019c.

KNELLER, George F. *A ciência como atividade humana*. Rio de Janeiro, RJ: Zahar; São Paulo, SP: EDUSP, 1980.

LOURENÇO, Frederico. Bíblia: *Novo testamento*: os quatro evangelhos. v. 1. São Paulo, SP: Companhia das Letras, 2017a.

LOURENÇO, Frederico. *O livro aberto*: leituras da Bíblia. Rio de Janeiro, RJ: Oficina Raquel, 2017b.

MORRIS, Leon. *Lucas*: introdução e comentário. São Paulo, SP: Vida Nova, 2000.

MULHOLLAND, Dewey M. *Marcos*: introdução e comentário. São Paulo, SP: Vida Nova, 2005.

PASTORINO, Carlos T. *Sabedoria do evangelho*. v. 2. Rio de Janeiro, RJ: Sabedoria, 1964.

PEREIRA, Yvonne do A. *Dramas da obsessão*. Pelo Espírito Bezerra de Menezes. 11. ed. 9. imp. Brasília, DF: FEB, 2019a.

PEREIRA, Yvonne do A. *A tragédia de Santa Maria*. Pelo Espírito Bezerra de Menezes. 14. ed. 4. imp. Brasília, DF: FEB, 2019b.

PEREIRA, Yvonne do A. *Memórias de um suicida*. Pelo Espírito Camilo Cândido Botelho. 27. ed. 13. imp. Brasília, DF: FEB, 2020.

POHL, Adolf. *Evangelho de Marcos*: comentário esperança. Curitiba, PR: Editora Evangélica Esperança, 1998.

RIBEIRO, Júlio Cezar G. *Isto vos mando*. Pelo Espírito Estêvão. Porto Alegre, RS: FERGS, 2020.

RIENECKER, Fritz. *Evangelho de Mateus*: comentário esperança. Curitiba, PR: Editora Evangélica Esperança, 1998.

RIENECKER, Fritz. *Evangelho de Lucas*: comentário esperança. Curitiba, PR: Editora Evangélica Esperança, 2005.

TASKER, R. V. G. *Mateus*: introdução e comentário. São Paulo, SP: Vida Nova, 2005.

XAVIER, Francisco C. *Os mensageiros*. Pelo Espírito André Luiz. 47. ed. 14. imp. Brasília, DF: FEB, 2020.

XAVIER, Francisco C. *Caminho, verdade e vida*. Pelo Espírito Emmanuel. 1. ed. 18. imp. Brasília, DF: FEB, 2021a.

XAVIER, Francisco C. *Ceifa de luz*. Pelo Espírito Emmanuel. 2. ed. 12. imp. Brasília, DF: FEB, 2021b.

XAVIER, Francisco C. *Fonte viva*. Pelo Espírito Emmanuel. 1. ed. 17. imp. Brasília, DF: FEB, 2021c.

XAVIER, Francisco C. *Pão nosso*. Pelo Espírito Emmanuel. 1. ed. 18. imp. Brasília, DF: FEB, 2021d.

XAVIER, Francisco C. *Vinha de luz*. Pelo Espírito Emmanuel. 1. ed. 16. imp. Brasília, DF: FEB, 2021e.

XAVIER, Francisco C.; VIEIRA, Waldo. *Mecanismos da mediunidade*. Pelo Espírito André Luiz. 28. ed. Brasília, DF: FEB, 2019.

XAVIER, Francisco C.; VIEIRA, Waldo. *Ideal espírita*. Espíritos diversos. São Paulo, SP: Editora CEC, [s.d.].

LITERATURA ESPÍRITA

Em qualquer parte do mundo, é comum encontrar pessoas que se interessem por assuntos como imortalidade, comunicação com Espíritos, vida após a morte e reencarnação. A crescente popularidade desses temas pode ser avaliada com o sucesso de vários filmes, seriados, novelas e peças teatrais que incluem em seus roteiros conceitos ligados à Espiritualidade e à alma.

Cada vez mais, a imprensa evidencia a literatura espírita, cujas obras impressionam até mesmo grandes veículos de comunicação devido ao seu grande número de vendas. O principal motivo pela busca dos filmes e livros do gênero é simples: o Espiritismo consegue responder, de forma clara, perguntas que pairam sobre a Humanidade desde o princípio dos tempos. Quem somos nós? De onde viemos? Para onde vamos?

A literatura espírita apresenta argumentos fundamentados na razão, que acabam atraindo leitores de todas as idades. Os textos são trabalhados com afinco, apresentam boas histórias e informações coerentes, pois se baseiam em fatos reais.

Os ensinamentos espíritas trazem a mensagem consoladora de que existe vida após a morte, e essa é uma das melhores notícias que podemos receber quando temos entes queridos que já não habitam mais a Terra. As conquistas e os aprendizados adquiridos em vida sempre farão parte do nosso futuro e prosseguirão de forma ininterrupta por toda a jornada pessoal de cada um.

Divulgar o Espiritismo por meio da literatura é a principal missão da FEB, que, há mais de cem anos, seleciona conteúdos doutrinários de qualidade para espalhar a palavra e o ideal do Cristo por todo o mundo, rumo ao caminho da felicidade e plenitude.

CARIDADE: AMOR EM AÇÃO

Sede bons e caridosos: essa a chave que tendes em vossas mãos. Toda a eterna felicidade se contém nesse preceito: "Amai-vos uns aos outros". KARDEC, Allan. *O evangelho segundo o espiritismo*, cap. 13, it. 12.

A Federação Espírita Brasileira (FEB), em 20 de abril de 1890, iniciou sua *Assistência aos Necessitados* após sugestão de Polidoro Olavo de S. Thiago ao então presidente Francisco Dias da Cruz. Durante oitenta e sete anos, esse atendimento representava o trabalho de auxílio espiritual e material às pessoas que o buscavam na Instituição. Em 1977, esse serviço passou a chamar-se Departamento de Assistência Social (DAS), cujas atividades assistenciais nunca se interromperam.

Desde então, a FEB, por seu DAS, desenvolve ações socioassistenciais de proteção básica às famílias em situação de vulnerabilidade e risco socioeconômico. Fortalece os vínculos familiares por meio de auxílio material e orientação moral-doutrinária com vistas à promoção social e crescimento espiritual de crianças, jovens, adultos e idosos.

Seu trabalho alcança centenas de famílias. Doa enxovais para recém-nascidos, oferece refeições, cestas de alimentos, cursos para jovens, serviços de convivência e fortalecimento de vínculos para idosos e organiza doações de itens que são recebidos na Instituição e repassados a quem necessitar.

Essas atividades são organizadas pelas equipes do DAS e apoiadas com recursos financeiros da Instituição, dos frequentadores da Casa e por meio de doações recebidas, num grande exemplo de união e solidariedade.

Seja sócio-contribuinte da FEB, adquira suas obras e estará colaborando com o seu Departamento de Assistência Social.

O EVANGELHO NO LAR

Quando o ensinamento do Mestre vibra entre quatro paredes de um templo doméstico, os pequeninos sacrifícios tecem a felicidade comum.[1]

Quando entendemos a importância do estudo do Evangelho de Jesus, como diretriz ao aprimoramento moral, compreendemos que o primeiro local para esse estudo e vivência de seus ensinos é o próprio lar.

É no reduto doméstico, assim como fazia Jesus, no lar que o acolhia, a casa de Pedro, que as primeiras lições do Evangelho devem ser lidas, sentidas e vivenciadas.

O espírita compreende que sua missão no mundo principia no reduto doméstico, em sua casa, por meio do estudo do Evangelho de Jesus no Lar.

Então, como fazer?

Converse com todos que residem com você sobre a importância desse estudo, para que, em família, possam compreender melhor os ensinamentos cristãos, a partir de um momento de união fraterna, que se desenvolverá de maneira harmônica e respeitosa. Explique que as reflexões conjuntas acerca do Evangelho permitirão manter o ambiente da casa espiritualmente saneado, por meio de sentimentos e pensamentos elevados, favorecendo a presença e a influência de Mensageiros do Bem; explique, também, que esse momento facilitará, em sua residência, a recepção do amparo espiritual, já que auxilia na manutenção de elevado padrão vibratório no ambiente e em cada um que ali vive.

Convide sua família, quem mora com você, para participar. Se mora sozinho, defina para você esse momento precioso de estudo e reflexões. Lembre-se de que, espiritualmente, sempre estamos acompanhados.

Escolha, na semana, um dia e horário em que todos possam estar presentes.

O tempo médio para a realização do Evangelho no Lar costuma ser de trinta minutos.

---

1 XAVIER, Francisco Cândido. *Luz no lar*. Por Espíritos diversos. 12. ed. 7. imp. Brasília: FEB, 2018. Cap. 1.

As crianças são bem-vindas e, se houver visitantes em casa, eles também podem ser convidados a participar. Se não forem espíritas, apenas explique a eles a finalidade e importância daquele momento.

O seguinte roteiro pode ser utilizado como sugestão:

1. Preparação: leitura de mensagem breve, sem comentários;
2. Início: prece simples e espontânea;
3. Leitura: *O evangelho segundo o espiritismo* (um ou dois itens, por estudo, desde o prefácio);
4. Comentários: breves, com a participação dos presentes, evidenciando o ensino moral aplicado às situações do dia a dia;
5. Vibrações: pela fraternidade, paz e pelo equilíbrio entre os povos; pelos governantes; pela vivência do Evangelho de Jesus em todos os lares; pelo próprio lar...
6. Pedidos: por amigos, parentes, pessoas que estão necessitando de ajuda...
7. Encerramento: prece simples, sincera, agradecendo a Deus, a Jesus, aos amigos espirituais.

As seguintes obras podem ser utilizadas nesse momento tão especial:

- *O evangelho segundo o espiritismo*, como obra básica;
- *Caminho, verdade e vida*; *Pão nosso*; *Vinha de luz*; *Fonte viva*; *Agenda cristã*.

Esse momento no lar não se trata de reunião mediúnica e, portanto, qualquer ideia advinda pela via da intuição deve permanecer como comentário geral, a ser dito de maneira simples, no momento oportuno.

No estudo do Evangelho de Jesus no Lar, a fé e a perseverança são diretrizes ao aprimoramento moral de todos os envolvidos.

www.febeditora.com.br

/febeditora /febeditoraoficial /febeditora

Produção Editorial:
Elizabete de Jesus Moreira

Revisão:
Jorge Leite de Oliveira
Mônica Santos
Plotino Ladeira da Matta

Capa:
Luciano Carneiro Holanda

Projeto Gráfico:
João Guilherme Andery Tayer
Thiago Pereira Campos

Diagramação:
Eward Siqueira Bonasser Júnior
Thiago Pereira Campos

Foto de Capa:
Reprodução da obra Mãos orando, de Albrecht Durer, de 1508
123rf.com/soleg

Normalização Técnica:
Biblioteca de Obras Raras e Documentos Patrimoniais do Livro

Esta edição foi impressa pela Lis Gráfica e Editora Ltda., Guarulhos, SP, com tiragem de 1,5 mil exemplares, todos em formato fechado de 155x230 mm e com mancha de 115x183 mm. Os papéis utilizados foram o Off white 80 g/m² para o miolo e o Cartão 250 g/m² para a capa. O texto principal foi composto em fonte Gentium Basic 14/16 e os títulos em Latin Modern Roman Caps 32/39. Impresso no Brasil. *Presita en Brazilo.*